活学活用 胡雪岩 为人处世的智慧

孙广春 编著

中国纺织出版社

内 容 提 要

胡雪岩生逢乱世，却能在官场、商场左右逢源，成为富甲天下的商贾奇人，其经营智慧在当时可谓无人能及，在今时今日也堪称典范。他的人生，他的奋斗，他的为人处世，他对商道独到的理解，都可以给当代的商界人士和众多想要实现个人价值的读者以诸多启示。

本书从智慧、眼光、商道、生存、修养、做人、处事、思谋、进退、变通、人才、人脉、借势这十三个方面，对胡雪岩为人处事的智慧作了详尽的剖析和总结。

尽管胡雪岩所处的时代早已远去，但是他为人处世的技巧在今天依旧适用，这些技巧对正在茫然中摸索的后人来说是一盏指路明灯。他山之石，可以攻玉，让我们尽情地汲取先贤的智慧结晶，创造出人生道路上最瑰丽的神话。

图书在版编目(CIP)数据

活学活用胡雪岩为人处世的智慧 / 孙广春编著.—北京：中国纺织出版社，2010.2（2024.6 重印）
ISBN 978-7-5064-6010-1

Ⅰ.活… Ⅱ.孙… Ⅲ.胡雪岩(1823~1885)—人生哲理—通俗读物 Ⅳ.K825.3-49

中国版本图书馆 CIP 数据核字(2009)第 185138 号

策划编辑：李秀英 向连英　　责任编辑：赫九宏
特约编辑：张烛微　　　　　　责任印制：陈 涛

中国纺织出版社出版发行
地址：北京东直门南大街 6 号　邮政编码：100027
邮购电话：010—64168110　传真：010—64168231
http://www.c-textilep.com
E-mail:faxing@c-textilep.com
河北延风印务有限公司　各地新华书店经销
2010 年 2 月第 1 版
2024 年 6 月第 2 次印刷
开本：710×1000 1/16 印张：12
字数：150 千字　定价：42.00 元

凡购本书，如有缺页、倒页、脱页，由本社图书营销中心调换

前言

一代红顶商人胡雪岩在中国近代商业史上的地位，堪与中国古代"商圣"陶朱公范蠡相媲美，因此后人誉胡为"亚商圣"。作为中国晚清第一大豪商，胡雪岩是中国历史上第一个与外国银行开展金融业务往来的人；第一个获清廷特赐二品顶戴、赏黄马褂、准紫禁城骑马的人。

胡雪岩是个商业奇才，他创造了一个神话，其成就及影响已经远远超越商业范围，左宗棠曾在奏折中赞道："胡雪岩，商贾中奇男子也，人虽出于商贾，却有豪侠之慨。"鲁迅则称他为"中国封建社会的最后一位商人"。"最后"有三层含义：一是集大成；二是承前启后；三是不可复制。胡雪岩是我国封建社会商人经营、发迹史的浓缩，更兼终结了传统商人的旧式经营模式，开启了中国新式商人的先路。

胡雪岩的一生则极具戏剧性。人说他"游刃于官商之间，追逐于时势之中，品够了盛衰荣辱之味，尝尽了生死情义之道"。在短短的几十年中，他由一个钱庄的小伙计摇身一变，成为闻名清廷朝野的红顶商人。

商人胡雪岩，紧紧地把握住了"大树底下好乘凉"的精髓，他先借助王有龄开钱庄，后又以左宗棠为靠山创办胡庆余堂，从而一步步走向事业的巅峰。他以"仁、义"二字作为经商的核心，善于随机应变，使生意蒸蒸日上。当然，他最终也未能摆脱商人以利益为第一位的俗套，但毕竟金无足赤，人无完人。

在胡雪岩这位了不起的商人身上有许多值得今人学习的东西：他富而不忘本，深谙钱财的真正价值，大行义举；他经商不忘忧国，协助左宗棠西征，维护了祖国领土的完整；在救亡图强的洋务运动中，他贡献了自己的力量，建立了卓越的功勋。

大富大贵，大喜大悲，大取大舍，大起大落，胡雪岩是中国近代一位富有传奇色彩的商人，其经商才能、处世哲学，一直为人称道。经商当学胡雪岩，他用一生的传奇给了现代人最精辟的商海启迪。

本书从大量的史料、论著和文学作品中，提炼出胡雪岩智慧精华，分列为智慧、眼光、商道、生存、修养、做人、处事、思谋、进退、变通、人才、人脉、借势这十三个方面，并进行探讨剖析，揭示了一代成功商人秘而不宣的经商绝活和官场秘籍，展示了胡雪岩性格、人格的复杂性和多面性。

本书侧重结合当时的历史背景和胡雪岩生活的具体环境，通过典型故事、事例，进行透彻分析，夹叙夹议，让读者既领略到晚清的历史文化和胡雪岩坎坷而辉煌的传奇一生，又可从中领悟到成功的经验与智慧。

"古有先秦陶朱公，近有晚清胡雪岩"。胡雪岩风云一世，与其同时代的陈代卿就评价说："游刃于官与商之间，追逐于时与势之中，品够了盛衰荣辱之味，尝尽了生死情义之道。"在这一过程中，胡雪岩不仅掌握和运用了一套套成功的行商处事之道，而且留下了关于其成事之道的精辟论述。这些论述不但语言充满机智，而且内容富于哲理，在今天仍然具有重要的借鉴意义。

我们要理性地看待胡雪岩这个历史人物，他的人生，他的奋斗，他的为人处世，他对商道的独到理解，都可以给当代的商界人士和众多想要实现个人价值的读者以诸多启示。

目 录

智慧——新由心生 巧由心生

　　同样的资金，在不同的人手里就能用出不同的效果，这是众所周知的事实。之所以会有这样的天壤之别，关键就在于"生意智商"的高低。这种智商有先天的成分，但更多在于后天的培养。一个懂得培养自己"生意智商"的人才能成为生意场上最终的胜利者。胡雪岩懂得这个道理，并能将它活用到自己迎接人生挑战的每一步之中。

　　庸人敛财，智者生财　/2
　　人要役物，不为物所役　/6
　　直面困难，化"危"为"机"　/9
　　万事讲原则，亲疏有分寸　/12

眼光——目光如炬 看破大局

　　胡雪岩每时每刻都在以独到的眼光观望着世事的变化，他非常清楚，自己生逢乱世，只有小心经营才能立于不败之地。他曾经说过："天变了，人应变。"意思是指时势时局变了，人也应做出相应的变化与调整，以顺应时局，这一策略被胡雪岩熟练地运用到了自己的生活中和商场上。

要有发现问题的眼光 /16
精明商人，两面兼得 /19
眼光放多远，生意有多大 /22

商道——抓住机遇 敢想敢干

赚钱一要抓住时机，二要敢想敢干。换而言之，要靠机会，更要靠真本事。对于胡雪岩来说，机遇并非一般人平时以为的"可遇而不可求"，因为他非常擅长把握时势，积极地去创造机遇，而不是像大多数人那样守株待兔，坐等机遇的到来。

精准预测，抢占先机 /26
把握机会，敢闯敢为 /28
机遇面前，吃亏是福 /31

生存——给人活路 存己财路

胡雪岩的一生，拥有过令人羡慕的巨大成功，达到了同时代的人无可企及的巅峰状态，最后却因为一个疏失，东窗事发，一败涂地，郁郁而终，令人为之痛惜。然而，胡雪岩仍为我们留下了许多值得深思的智慧。这些智慧将为我们指引出一条生存之道，在我们以后的人生道路中将扮演重要角色。

善驭时事，方有胜算 /36
思诚神钦，绝处逢生 /40
移花接木，借鸡生蛋 /44

和为上策，和气生财 /46
善于推销自己，创造无形财富 /49

修养——修身种德 济世为怀

　　修身养性是人生的一个主要部分，修身是琢磨性情、陶冶情操，养性则可开拓视野、提高自身素质。修身养性的功力和事业的成败是紧密相关的，胡雪岩能成为一代商神，也和他勤于修身密不可分。

以德取众，名利双收 /54
精而不诈，观政经商两不误 /58
有德则立，人以信立 /63
吐哺归心，助人如助己 /67

做人——方圆兼备 刚柔并济

　　做人处世要善识时务大局，做到遇方则方，遇圆则圆，方圆兼济，集百家之长于一身。在中国历史上，能把亦方亦圆用到极致的首推方圆大师胡雪岩。纵观胡雪岩的一生，能在乱世之中，方圆皆用，刚柔皆施。懂得何时用"善"，何时用"狠"，何时大赚一把，何时财不乱取，可以概括为"圆而通神"。

亦方亦圆，刚柔皆施 /72
投其所好，曲意赞美 /75
商场谋近利，做人求远交 /78
欲擒故纵，长袖善舞 /81

处事——无所不能 有所不为

外在的一穷二白并不可怕，可怕的是思想和内心的贫瘠，尤其是立世准则、谋事技巧的长期缺失。世间有些事可以"亦此亦彼"，而有些事却只能"非此即彼"。象棋中有"弃子取势"，"弃"正是为了"取"。放弃并不见得是不能干好某件事，而是为了更好地干其他事。所谓"无所不能，有所不为"。

君子爱财，必须取之有道 /86
名与利，名为先 /88
兵不厌诈，虚虚实实 /90

思谋——三思而行 未雨绸缪

不会思考的人，一定是做到哪儿算哪儿，成败全凭自己的运气，容易功败垂成。因此，做事一定要有一个运筹、谋划和权变的过程，这个过程通俗地讲就是算计。算计并不是阴谋，只是做事所需要的技巧，是人们为达到成功所采取的正当手段，善于算计的人才更具魅力，在任何环境中都能做到潇洒自如、游刃有余。

深谋远虑，善于造势 /91
审时度势，乘时借势 /98
三思而后行，谋定而后动 /100
未雨绸缪，防患未然 /102

进退——以退为进 海阔天空

商场上没有常胜将军,任何一个驰骋商场的人,都要做好输的心理准备,都要有赢得起也输得起的胸怀。只是赢得起还不能算是汉子,只有输得起,输得洒脱,输得有志气,才是真正的汉子。在成败得失、前进后退之间,方能显出英雄本色。

进退自如,方显英雄本色 /106
给自己留一条后路 /109
戒暴虎冯河,要通晓退避 /112
舍小趋大,以退为进 /115

变通——随机应变 灵活经商

胡雪岩说:"用兵之妙,存乎一心,做生意跟带兵打仗的道理是差不多的……除随机应变之外,还要从变化中找出机缘来,那才是一等一的本事。"任何世事在其发展过程中都存在时机,只有抓住时机,及时选择、决策和行动,才能实现更高的效率,胡雪岩就是一个善于从变化之中寻找出机缘为己所用的高手。

见微知著,变中求胜 /120
活络经商,巧打擦边球 /123
以变应变,才有出路 /125
灵通应变,维护大秩序 /127

人才——求仁得仁 以人为本

只要有着以人为本的思想,就不会错失人才,经商和治国一样需要大量的人才,而只有那些富有人格魅力的人才会让人拥护。胡雪岩就是这样一个有着强大人格魅力的人,在穷困时也在帮助别人,这是一种气魄,因为这种气魄,在他的身边聚集了许多的能人,他知道只有人才才是真正的财富。

用人也是"一分钱一分货" /132
察其所能,量才而用 /136
用人不要光看面子 /139
不遭人妒是庸才 /142

人脉——交人交心 以情制胜

俗话说:"在家靠父母,出门靠朋友。"有了朋友,事事顺利,没有朋友,举步维艰。如何交到有益的朋友呢?这是个很重要的问题。在生意场上,金钱、利润无疑是放在第一位的。怎样处理朋友和利益两者的关系,也是一门相当高深的学问,欲成就一番大事业的人,必须掌握这门学问。

多个朋友多条路 /146
人脉即财脉,情义是关键 /151
人情像银行账户,需时时储蓄 /156
与人结交,要各得其所 /159

借势——结交官友 借鸡生蛋

势，就是力量，就是走向。积蓄起来的力量为势，找到走向的道理也是势。正如古人所说："理有所至，势所必然。"

在胡雪岩的商业经营活动中，十分注重借势经营，在他的商业活动中，十有八九是围绕借势而展开的，他从不放弃任何一个借势的机会，从而不断地拓展自己的地盘，张扬自己的势力。

情商制胜，乘得东风好行船 /164

锁定官商之途，销金结识权贵 /168

官商民洋四众势力，层层投靠才能逢源 /173

好风凭借力，官友值千金 /177

参考文献 /180

智慧

——新由心生 巧由心生

　　同样的资金，在不同的人手里就能用出不同的效果，这是众所周知的事实。之所以会有这样的天壤之别，关键就在于"生意智商"的高低。这种智商有先天的成分，但更多在于后天的培养。一个懂得培养自己"生意智商"的人才能成为生意场上最终的胜利者。胡雪岩懂得这个道理，并能将它活用到自己迎接人生挑战的每一步之中。

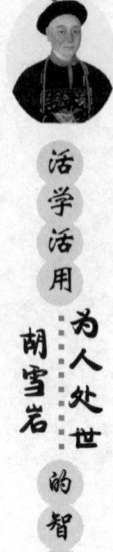

庸人敛财，智者生财

1. 领会金钱的作用

只有真正懂得金钱作用的人才能挣到钱。很多人都认为一掷千金绝对是一种浪费，那是因为缺乏驾驭金钱能力的人，是不会知道一掷千金所带来的好处的。

很多人一定在夜深人静时曾问过自己一个问题："我为什么不是富人？"对，为什么呢？因为他可能每天都在过着麻木的日子，像大多数穷人一样思考。富不一定好，但穷困潦倒是一定不好，至少显出这个人是无能的。不要说什么安贫乐道，若是那样就不会有人在夜里问自己这个问题了。

2. 成功商人的经营手腕

做生意需要资金，谁能做没有本钱的生意？由于个人资金有限，最方便的办法便是找最亲近的人合伙，这就是家族企业盛行的原因之一。等到有了一些信用，把身边了解情况的朋友的资金也吸引进来。如果成功做到企业公开上市，买股票的人才不会去管和经营者认不认识，只要股票被看好，那么资金就会像潮水一般涌来。小本生意可以自己投资，大宗生意必须善用他人的资金，借力使力，力量才会大。

胡雪岩开办钱庄时，手上没有什么本钱，但他仍然成功地开起了阜康钱庄，显示出他具有不同于一般人的商业头脑以及经营手腕。

据清朝史料记载，到19世纪中叶，当时京城已遍布银钱汇兑、金融往来的银号、钱铺、票号、金店,另外,烟蜡铺、布店、酒馆也有兼做银钱储蓄、兑换并发行银票的。当时京城金融业以主管银钱存储的恒利、恒和、恒兴、恒源四大恒银号和专理往来汇兑的山西票号最著名,京城"居人行使银票"以持四大恒者"为体面",而山西票号"交游仕宦,最为阔绰"。当时金融业的兴旺,由此可见一斑。

胡雪岩生活的时代,虽内忧外患、战乱不断,但由于外国资本主义的经济侵略,刺激了中国资本主义生产关系的进一步发展,是中国小农经济向近代城市商品经济转型的时期,当时的东南沿海商品经济特别发达。

据史料记载,在已经成为旧中国金融中心的上海,虽然18世纪中后期已经有了英、法、美、日等国开设的银行数十家,但钱庄生意仍然是上海金融、贸易的支柱之一,每年在市面上流通的钱庄银票都在20亿两以上。

胡雪岩以上海阜康为龙头,在全国各埠广设分号,周转金融"其出入皆以4万计"。

1882年4月,胡雪岩的阜康钱庄因周转不灵倒闭,引发了一场波及全国的金融危机,也对上海乃至东南地区的工业、贸易发展造成严重打击。1883年,英国驻沪领事在发回伦敦的贸易报告中说道:"1883年贸易普遍受损的一个直接原因,是本地钱庄数量的减少。"

无论如何,胡雪岩事业的发展都证明了他的商业眼光准确,他的钱庄从一开张就显出极旺的势头。不久后王有龄外放湖州知府,这让胡雪岩如愿以偿地得到了代理官库的重要权力。从此他的钱庄也飞速地发展起来,最终成为他驰骋商界,东突西进,建立自己庞大经贸"帝国"的基础。

胡雪岩不是为了有钱而喜欢钱,而是为了用钱而喜欢钱。他认为世界上最痛快的事,是遇到穷途末路的人时,掏出钱来递过去说:"拿去!"

他从借助王有龄的权势开办钱庄开始,以官商起家,驰骋商场,纵横商海,一步步走向辉煌。他灵活机动,四面出击,和洋人做蚕丝生

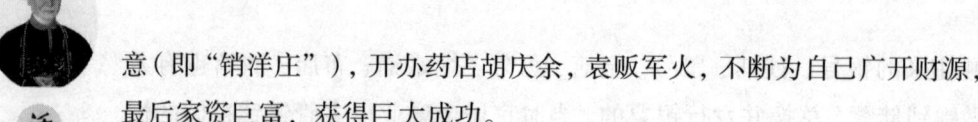

意（即"销洋庄"），开办药店胡庆余，袁贩军火，不断为自己广开财源，最后家资巨富，获得巨大成功。

胡雪岩具有亦官亦商的双重身份，但还是以商为主，以官助商，并不高坐衙门，而是始终以经商为本位，借助职衔、封典来抬高身价，增强在商业中的竞争力，获得从商的实惠。

3. 生意人的金钱观

犹太人之所以能够成为世界上最富有的民族，会赚钱无疑是一个非常重要的原因。他们的价值标准即是金钱，犹太人所谓的"了不起的人物"，是指每天晚上能用银盘子享用豪华晚餐的人。他们认为，那些甘心过贫穷日子而不思奋斗进取的人，既不是伟人，也不值得尊敬。他们认为《圣经》会投放光明，金钱才会释放温暖。

因此，当其他民族还在对金钱爱恨交加时，犹太人已经完成了对金钱文化划时代的超越。在犹太民族中，人与人之间的交往越来越多地发生在市场氛围中，市场经济中的钱取代了自然经济条件下的神。犹太人说的神就是钱，这种观念对资本的积累和增值都起到了重要的作用，犹太人自然就成了进军资本主义的急先锋。

正是犹太人的金钱观，激发了他们对金钱的执著追求，使他们成为"专职"的商人，并在人类商业活动中占据了不可替代的位置。

在胡雪岩所处的时代，商人的社会地位是极其低下的。但是胡雪岩不但取得了商业上的成功，而且还以一个商人的身份，获得了朝廷的器重，当上了官，穿上了黄马褂。纵观我国历史上的著名商人，范蠡是先从政，而后经商。子贡自始至终都是一个商人，只不过跟着孔子学习。可以说胡雪岩是唯一一个超越了阶级的商人，要知道他所处的时代可是封建社会，虽然是末期，但是阶级观念依然可以称得上是根深蒂固。所以胡雪岩所取得的成就，是令人瞩目的。时过境迁，现在的人们已经能理解金钱的意义，并知道金钱是衡量一个人能力的尺子，这就让很多有才能的人大大发挥了自己的能力。

一般人用钱，手中的钱只会越变越少。只有真正的生意人，才会通过用心而巧妙的经营，让手中的钱发挥出最大能量，以钱生钱。这是他们与多数一般人的最大区别，千万不要小看了这批人，因为正是他们在主导着经济的运行。

活学活用 胡雪岩 为人处世 的智慧

人要役物，不为物所役

钱是人造的，钱是人赚的，钱是人用的，生不带来，死不带去，得之正道，所得便可喜，用之正道，钱财便助人成就好事。

人要役物，不可为物所役。这是胡雪岩的一种胸怀，是一种智慧，是一种态度，更是其走向巨大成功的一条捷径。

1. 胡雪岩对物我关系的认识

胡雪岩为解运漕米的事情往返杭州、上海，送王有龄到湖州赴任，都是租用阿珠家的船。几度相处，胡雪岩与阿珠一家，特别是与阿珠姑娘慢慢建立了良好的感情。胡雪岩的洒脱倜傥赢得了阿珠姑娘的喜欢，胡雪岩也很喜欢阿珠姑娘的清纯朴实。一来是为了答谢阿珠家对自己的照顾，二来也是为了让阿珠姑娘高兴，胡雪岩送给阿珠一个首饰盒，盒内虽只有简简单单一瓶香水、一个八音盒、一把象牙笕子、一只女表，但对于阿珠姑娘这样一个船家女来说，已经就是百宝箱了，惊喜之下也很为如何收藏这只首饰盒费了一番心思。

胡雪岩很怕自己送给她礼物，让她丢不开，反倒害了她，于是他对阿珠说：人要役物，不可为物所役。心爱之物固然要当心被窃，但为了怕被窃，不敢拿出来用，甚至时时忧虑，处处小心，这就是为物所役，倒不如无此一物……

胡雪岩这一番富有哲理的议论，其实可以看做是他自己对于物我关系认识的一种总结。胡雪岩说自己就知道"铜钱眼里翻跟斗"，但他自己却似乎从来没被钱眼"卡"住过，也确实是不为物所役。对他来说，做生意赚钱的乐趣，其实不在钱上，而是在赚钱的过程上。而对钱本身，许多时候他倒似乎是不当回事的，满不在乎的。他自己说过，他有了钱决不是糊在墙上看看过瘾，而是要用出去。他最大的乐趣就是看到有人被钱难住了，自己从口袋里掏出一把来递过去："拿去，够不够？"

正是这样一个没有钻进钱眼里的人，赚到了数不清的金钱。

从某种意义上说，人与物的关系，实在是千百年来最让人类困扰的问题之一。一方面，人类确实离不开外物，譬如被人称作身外之物的钱财，对于现代人来说几乎是不可或缺的，有人不信的话可以出趟门试试，不说没钱得受寒冷，得饿肚皮，还会寸步难行，比如，要坐车就得买票，如果遇上一个有原则的售票员，即使少了一分钱，也别想坐上车。可见，外物并不是我们可以随意抛弃的，人必须凭借外物才能生存。但另一方面，人又确实不能为物所役。钱是人造的，钱是人赚的，钱是人用的，生不带来，死不带去。假若做了守财奴，一点小钱也看得很重，甚至为了钱财忘了义理，为一得一失不惜毁了容颜、丢掉性命，那就是为物所役，那也真"倒不如无此一物"了。所以，历代先哲都谆谆告诫我们可以留意于物，但不能流连于物，更不能为物所役。这一物我关系的准则，对任何一个优秀的商人都是适用的。

2. 在商就要言商

自然，在商言商，这是商界通行的一条规则。言商即是言利，也就是言钱。因此，言利言钱，大约可以作为所有商人的一个共性特征。从这个层次上看，商人自有自己的价值标准，优秀的商人也最能体会钱财的作用，最善于"在钱眼里翻跟斗"。商人的日常事务，就是去思谋如何赚钱，而且是如何大笔地赚钱，因此，商人也应该比一般人更喜欢钱。胡雪岩就明确地告诉别人，"我喜欢钱多"，而且是"越多越好"。

不过，正是商人这种与钱财天然的不可分离的联系，也决定了一个优秀的商人，必须是一个能够正确处理好自身与外物之间关系，真正能

将钱财看作身外之物的人。说到底，大量赚取钱财并不是最终的目的，做一个成功的商人的乐趣，自然常常直接体现在能赚钱、赚大钱所带来的快乐上。但从深层看，能使一个成功的商人体验到一种深刻而持久的人生乐趣的，又确实并不在于占有大量钱财本身，而在于凭着自己的眼光和见识取财于正道，由能赚钱、赚大钱获得对于自我能力、素质、智慧、才干的确证；在于人能自由地驭使外物，将钱财用之于正道，用凭借自己的才能智慧赚取的钱财，去助人成就好事所带来的快乐。

胡雪岩超然物外的态度，得到的回报不仅仅是物质财富，更有着一种丰厚博大的人生意义。

直面困难，化"危"为"机"

"危机"其实是"机"大于"危"。任何人在举大事的途中，都难免会遇到许多困难。所谓困难，对于个人来说，尤其是对于一项自己正在开拓的事业而言就是"危机"。但是当遇到困难或出现危机时应该努力直面困难，化"危"为"机"，将每一次事故和危机都创造成为发展自己的一次新机会。胡雪岩在这方面就做得很好。

1. 生意上的变故

当年胡雪岩的生意正在蒸蒸日上之时，太平军攻占杭州，就使他经历了一次大的变故，而且这次的变故几乎将他逼入绝境。

这次变故有三个方面：

第一，胡雪岩的生意基础，如最大的钱庄、当铺、胡庆余堂药店以及家眷都在杭州，杭州被太平军占领，等于他的所有生意都将被迫中断。不仅如此，他还必须想办法从杭州救出老母妻儿。

第二，由于胡雪岩平日里遭忌，如今战乱之中，顿时谣言四起，说他以为遭太平军围困的杭州购米为名骗走公款滞留上海；说他手中有大笔王有龄生前给他营运的私财，如今死无对证，已遭吞没。甚至有人谋划向朝廷告他骗走浙江购米公款，误军需国食，导致杭州失守。这些谣言意味着胡雪岩不仅会被朝廷治罪，而且即使杭州被朝廷收复之后，他也无法再回杭州。

第三，失去了王有龄这个官场靠山，胡雪岩的生意面临极大的困难。他的钱庄本来就是由于借着代理王有龄这一官场靠山的官库而发迹，同

时他的蚕丝销"洋庄",卖军火,都离不开官场大树的荫蔽。在胡雪岩那个时代做生意,特别是做大生意,官府永远是最大宗的客户。

2. 从不利因素中预见有利因素

不过,面对这些变故,胡雪岩并未惊慌失措。之所以能如此,是他从表面对他不利的因素中,准确预见出了可利用的因素:

其一,如今陷在杭州城里的那些人,其实已经在帮太平军做事,他们之所以造谣生事,是因为太平军也在想方设法诱胡雪岩回杭州帮助善后。他们造谣虽然不利,但却并不是不可以利用。胡雪岩根据这一分析,确定了两条计策:首先,他不回杭州,避免与这些人正面交锋,他知道他的这一态度一旦明确,这些人就不会进一步纠缠;其次,胡雪岩不仅满足他们不让自己回杭州的愿望,而且他还决定自己出面,特别向闽浙总督衙门上报,说是这些陷在杭州城里的人实际上是留作内应,以便日后相机策应官军。这更是将不利转化为有利的极高妙的一招——表面上是给了这些人一个交情,暗地里却是把这些人推上了一个随时可以引爆的"火药堆",因为如果这些人不肯就范,加害胡雪岩,他可以随时将这一纸公文交给此时占据杭州的太平军,说他们勾结官军,这些人无疑会受到太平军的责罚。

其二,胡雪岩此时手上还有杭州被太平军攻陷之前为杭州军需购得的大米一万石。当初这一万石大米运往杭州时无法进城,只得转道宁波,赈济宁波灾民,并约好杭州收复后以等量大米归还。这也是一个可以利用的有利因素。胡雪岩决定,一旦杭州收复,马上就将这一万石大米运往杭州,这样既可解杭州赈济之急,又显胡雪岩做事的信义,诬陷他骗取公款的谣言也可以不攻自破。实际上,胡雪岩后来不仅在杭州被官军收复后速将一万石大米运至杭州,而且直接向带兵收复杭州的将领办理交割,这样不单收到了预期的效果,更一下子得到了左宗棠的信任,胡雪岩又得到了一位比王有龄还有权势的官场靠山。胡雪岩的红顶子,也就是这一举措的直接收益。原来看似不利的因素,实际上成了胡雪岩日后重新崛起的机会,真可谓把不利之中的有利因素充分利用到了极致。

3. 胡雪岩化危为机的智谋

当然,化危为机并不是说说这么容易,从胡雪岩处理危机的方式来看,我们不难发现任何一个成大事者都应该具备"临危不乱""善用坏事""随机应变"的素质和能力。

对于突发事件的处理与策划,应注意三点:

第一,事前要有所准备。对于一个精明的成大事者来说,平时就应对可能发生的重大危机有预见,包括危机的种类、特征、性质、规模等,并分类做出应急方案。

第二,事发后要保持冷静,不可慌乱。

第三,立即提出对策,扭转危机的方向。

三者环环相扣,利用危机扩大事情好的方面的影响,把原来的危机转化为自己腾飞的一次机遇。

万事讲原则，亲疏有分寸

商业朋友关系的维系，最好的办法是双方共同获得利益，否则很容易使朋友关系解体。在朋友之间的交往中，有人因一时感激或冲动，慷慨过度，从而损害自己的利益，这种情况在胡雪岩看来，虽是出于自愿，但终究会使自己吞下一颗难言的苦果，最后反而会使朋友关系紧张乃至崩溃，其后果常是不仅失去朋友，还可能危及自己的前程和事业。所以，胡雪岩才说："亲疏之间，自己要掌握好分寸。"他的这句话是有所指的。

1. 王有龄的选择

王有龄本是湖州知府，进省城时却落了个"好"差事，不归他管的新城县有百姓造反，巡抚黄宗汉派他去处理此事。王有龄不敢带兵剿匪，一来这些清兵把剿匪当做发财的机会，到了地方肯定会大肆抢掠，兵甚于匪，不但剿匪不成，反而有可能激起大规模民变；二来这些兵也打不了仗，一旦打败了，他王有龄还可能命丧新城，即使不丢命也会被革职查问。王有龄思来想去，决定先安抚，实在安抚不了再去剿。但他自己却不肯亲自去安抚，这是要冒大风险的，弄不好也会丢命。物色来物色去，选中了嵇鹤龄。

嵇鹤龄本是一个穷困潦倒的候补知县，因为为人耿直，恃才傲物，不善于应酬场面上的事，所以一直是"候补"，还不曾掌过官印。嵇鹤龄虽然有勇有谋，但因心怀一肚子怨气，不肯替王有龄效劳。胡雪岩经过一番攻心，解决了嵇鹤龄的债务、婚配问题，并让嵇鹤龄感到去新城安抚反民正是他官运转折的一个机会。嵇鹤龄接手了这个苦差，想好了对策，做好了思想准备，便向变幻莫测、动荡不安的新城县进发了。

2. 胡雪岩阻止王有龄的一时慷慨

王有龄在嵇鹤龄满有把握地走后，十分高兴，便对胡雪岩说，待嵇鹤龄功成回来，要保他当归安县令。归安县本由王有龄兼管，一年能给知县带来五万两银子的进项。如果让嵇鹤龄当了归安县令，不就是相当于从王有龄的钱包里硬生生挖走五万两银子么！胡雪岩觉得，王有龄一时慷慨，到以后定会后悔，损害他的利益，他与嵇鹤龄的朋友关系也就难以维系了。

于是，胡雪岩阻止了王有龄的一时慷慨，而建议王有龄把兼领的浙江海运局坐办的位置让给嵇鹤龄。这样一来，王有龄既可以省点事，还可以在嵇鹤龄掌管下，把海运局原由王有龄和胡雪岩经手的几笔海运局垫款、借款，料理得圆圆满满，真可说是一举数得。

胡雪岩确实是精于算计，他阻止王有龄的一时慷慨，其实是出于人与人之间交往"度"的把握。在胡雪岩看来，嵇鹤龄和王有龄的关系，无论如何也没达到可以如此大利而不会产生不良后果的程度，王有龄的一时慷慨，也就有些失去分寸了。而亲疏之间，如果分寸把握不好，必然会影响日后的相处。其实，胡雪岩的这一考虑，用于生意场上的人际交往，特别是合作伙伴之间、老板与部属之间关系的调适，也是必要的。如何把握好适当的分寸，直接影响到相互之间是否能达到无障碍沟通和配合的默契，这的确是一个不可忽视的大问题。

那么，如何才是适度，才是不失分寸？这是一个很难用一两句话说清楚的问题，需要当局者根据当时的具体情况灵活处置。不过，胡雪岩的不过分慷慨原则中所体现出来的，以不损害自己和对方利益为前提来维系朋友关系的思路，对成大事者应该是有启发作用的。

然而，适度的把握并非易事，它犹如一把双刃剑，既能保护我们自身的利益，又能维系与他人的和谐关系。过分的慷慨往往会使人陷入

困境,甚至可能因此失去原本拥有的东西;而过于吝啬则可能让人失去人心,孤立无援。因此,如何在这两者之间找到平衡点,就显得尤为重要。

胡雪岩的不过分慷慨原则,正是他在商业生涯中积累的智慧结晶。他深知,在人际交往中,既要表现出足够的诚意和善意,又不能忽视自己的利益。这种以双方利益为前提的交往方式,既能使他在商界赢得良好的声誉,又能确保自己的利益不受损失。

对于成大事者来说,这种思路的启示作用不可忽视。在追求成功的道路上,我们需要不断地与人打交道,建立广泛的人脉关系。而在这个过程中,如何把握好分寸,既表现出自己的诚意和善意,又不损害自己的利益,就显得尤为重要。只有这样,我们才能在激烈的竞争中脱颖而出,实现自己的人生价值。

因此,我们应该学习胡雪岩的不过分慷慨原则,将其作为我们在人际交往中的指导原则。在与人交往时,既要真诚待人,又要保持清醒的头脑,时刻关注自己的利益。只有这样,我们才能在复杂的人际关系中游刃有余,成为真正的成功人士。

眼光

——目光如炬 看破大局

胡雪岩每时每刻都在以独到的眼光观望着世事的变化,他非常清楚,自己生逢乱世,只有小心经营才能立于不败之地。他曾经说过:"天变了,人应变。"意思是指时势时局变了,人也应做出相应的变化与调整,以顺应时局,这一策略被胡雪岩熟练地运用到了自己的生活中和商场上。

活学活用 胡雪岩 为人处世 的智慧

要有发现问题的眼光

胡雪岩一两银子的本钱都还没有就想自立门户做老板,这是一种气魄。而他一上手就要开办自己的钱庄,则更显见他不同一般精明的商务眼光。

1. 眼光要准也要远

商家的眼光,首先是要准,也就是要在茫茫商海中准确发现既适合自己去做,又能够给自己带来利益的门路;第二是要远,也就是不能总盯着一门一行,甚至把目光就放在眼前利益上,而是要在变幻莫测中看准大方向,心中有"定盘星"。

胡雪岩就有着既看得准又看得远的精明的商务眼光,比如,他起步之初就想到要开钱庄,在钱庄刚刚起步的时候,又筹划着做生丝生意,做生丝生意一上手就要"销洋庄"……

做生意离不开"算账"。自然,这里的算账不仅仅是指日清月结、拨拉算盘珠子的算账,而是指如何在一把算盘上拨拉出购销存赚的转化、变化规律的算账,是指在一把算盘上拨拉出能提高经营效率、增加盈利的途径和方法的算账。

不用说,商事运作中,如何准确把握和及时调整购销时机、数量和经营方式,如何降低商品流通费用、合理使用资金,以最大限度地发挥资金效力,这一切都是在精细的计算中算出来的。这样说来,"十三档算盘,盘进盘出,丝毫不漏",是生意人必备的本事。

不过,做生意也确实不能仅仅只是会算账。如果一个人只是会算账而没有其他的本事,哪怕他的确能够算出一些可以提高经营效率、增加盈利的门道,最多也只能做一个很好的主管会计一类的白领商务人员,而不大可能成为一个成功的老板。做老板最重要的本事是要能够从别人看不到的地方发现自己的财路。对于一个成功的老板来说,顶要紧的,是他过人的见识和精明的眼光。

2. 胡雪岩办钱庄

胡雪岩要办钱庄,并不仅仅是因为他熟悉钱庄这一行当,更重要的是,他看准了开钱庄不仅是能够安身立命的一桩生意,而且也是他可以大显身手、不断开拓的一个稳定长久的财源,实在是大有可为。

钱庄之所以大有可为,在胡雪岩看来原因其实很简单:

第一,当时正在闹太平天国,闹小刀会,长江中下游以及湘、闽一带常有战事。兵荒马乱之中市面波动极大,一般的生意不可避免地要受到冲击,但对于钱庄来说,市面波动大,银价起落也大,低进高出的机会也就多,银票汇兑进出之间都大有赚头,也就是胡雪岩自己说的,"只要看得准,兑进兑出,两面好赚"。

第二,此时没有本钱不要紧,胡雪岩料定王有龄外放去做州县只是迟早的事情,他自信即使王有龄仕途不顺,自己也有能力帮他腾达。现在只要有几千两银子把钱庄场面撑起来,等王有龄一外放到了州县,他的钱庄就可以代理王有龄那个州县的公库,也就是代为料理那个州县的公款往来。按照惯例,代理公库不付利息,等于是白借了公家的银子做自己生意的本钱。

这就是眼光,一般人在兵荒马乱市面不稳的年月,大概只会更多地想到如何能稳当一点保住自己已有的饭碗,哪里会想到这市面不稳之中还隐藏着有势可借、有机可乘的发财机会呢?其实,任何一个经济发展时期,特别是商品经济发展时期,金融业总是百业发展的龙头。

胡雪岩生活的时代,虽内忧外患、战乱不断,但外国资本主义的经济侵略,也刺激了中国资本主义生产关系的进一步发展,是中国由小农

活学活用 胡雪岩 为人处世 的智慧

经济向近代城市商品经济转型的时期。更何况当时的东南沿海也正是商品经济发达的地区。

　　无论如何，胡雪岩事业后续的发展证明了他眼光的精明。他的钱庄从一开张就显出极旺的势头，王有龄不久也真的外放了湖州知州，让胡雪岩如愿以偿得了代理公库的好处，从此他的钱庄也如滚雪球般地发展起来，最终成为他驰骋商界、东突西进、建立自己庞大经贸"帝国"的基础。

精明商人，两面兼得

俗话说："鱼与熊掌不可兼得"，这一点是不分职业的。似乎完满的事情总是难以发生。但是正是因此，人们才有追求圆满的欲望，经商之人对两得也是有不懈追求的。胡雪岩就是一个很好的例子。

胡雪岩观察行情甚精，按照他的总结就是："世上随便什么事，都有两面，这一面占了便宜，那一面吃亏。做生意更是如此，买卖双方，一进一出，天生是敌对的，有时候买进便宜，有时候卖出便宜，涨到差不多了，卖出，跌到差不多了，买进。这就是两面占便宜。"

买的时候很便宜，卖的时候很贵，这其中的差价就是占了两边的便宜。这是经营买卖的最基本规律，离了这个再多的算计也是白搭。但是话又说回来，想在任何时候都能两面占便宜，还是需要有灵活的头脑的，毕竟时局和行情都在发生着变化。

胡雪岩自小在钱庄当学徒，深体钱业生意之奥秘。所以在开业之初，虽只有十万左右的款项，且每笔款项的存货日期相逼甚紧，他还是有魄力调动资金，及时投入新的丝茧生意。

而钱庄档手刘庆生则对胡雪岩的调度，迟迟不敢苟同。他认为作为一名优秀钱庄伙计，应该深知钱庄需要有大批头寸做后盾的道理，不然很容易陷入窘迫境地。胡雪岩猜透了他的心思，就拿"无息币"的道理给他讲了一番。胡雪岩说，搞钱庄生意的，就是要算准了，今天进款多少，余款多少，什么时候要支出多少，有可能还有些什么样的进项。眼光要放远，统总起来盘算，让钱活起来，不要积死在手上。钱业生意最害怕的就是烂头寸。别人存款来了一大堆，放不出去，没地方用。要是

眼光——目光如炬 看破大局

这样的话，过不了多久就该准备关门大吉了。

胡雪岩的这套商业思想，是按原则又不按原则的做法。按胡雪岩的话讲就是要有"眼光"，有眼光就是要观察，能发现市场行情的变化，心中总要有个大数，统一安排自己的经营。这还不够，还要善于主动出去活动，以自己的社会活动影响市场行情的变化，使它朝着更有利于自己的方向发展。当然，一旦能够开始影响行情，对市场所做出的预期自然会更为准确，更为可靠。

胡雪岩从刘庆生手里调动这笔资金时，他已经做了许多工作，估计到王有龄一旦署理湖州，另一批新款自然源源而来。这也更促使他做出冒险放款的决定。甚至连他自己都没有想到，就在第二天，曾有款放交情的麟桂调任江苏藩司。麟桂一到任后马上派人来告诉阜康钱庄，浙江押往江南大营的协饷全部由阜康钱庄代理。此时，刘庆生感到第一天放款出去是极为正确的。不然，这么多头寸摆在那里，真是只落个虚好看了。

精明的商人不但要掌握规律，为自己的商业活动服务，还要不被市场表面的现象所迷惑，要观时察变，在市场接近饱和时抛出。这时的商品越贵，越要及时处置，不能犹豫。反之，在商品价格接近低谷时，要大量购入。

生意之所以俗称为买卖，精华就在这一进一出之间。抛售和购买时的基本原则，就是"贵出如粪土，贱取如珠玉"。胡雪岩虽然幼时受教育不多，但观察行情甚精。

这段话一方面讲生意经，另一方面推诸世情，世上无论什么事，都有两面。在现实生活中，免不了在这一面占便宜，在另一面吃亏。不过吃亏是福，全在你怎么看。因为吃亏的同时意味着你已经顺便给了别人一个人情，而人情总是有机会回报的。这时候最好的办法是落得做顺水人情，先彻底满足了对方的要求，才能化已经吃亏的情势为有可能带来回报的情势。这就是胡雪岩所说的，做人一定要漂亮，不能做只占得了便宜而吃不了亏的人。

所以说，无论是做生意还是做人，都要对进出做到心中有数。如果吃不了亏,把吃亏看得甚重,一旦发觉自己吃亏,就看不到吃亏的另一面,不知道吃亏同时意味着"便宜",这样的人是不可能获得成功的。功利心太强就容易走极端,不存功利念头又容易失时机。想两边占便宜就要先把自己的心态调整好,在最合适的时候买进,对形势有比较准确的预测,不计较暂时的小亏,在最合适的时候卖出。其实,生意和人生的曲线往往是重合的,都是一条条的隐形波浪,总会有高有低,就看你是否看得到"顶点"和"底点"。

眼光 ——目光如炬 看破大局

眼光放多远，生意有多大

俗话说："男人是搂钱的耙子，女人是装钱的匣子"。钱不会自己长脚靠近你，任何人想财源滚滚都要有能搂的精神，有最合适搂钱的方式。拿现代的话说就是懂得投资，懂得以钱生钱。

1. 会用钱才会钱生钱

胡雪岩曾经很大气地表示："我有了钱，不是拿银票糊墙壁，看着过瘾就完事。我有了钱要用出去！"生意人就应该有这股子大气。有了钱就用出去，在不断赚钱的同时，也不断地以投资的方式去扩展经营范围，去获取更大的利润。没有能力准确发现投资方向，或者不敢大胆投资的人，换句话说，有了钱不想着用出去或不敢用出去的人，绝不可能成为成功的实业家。

纵观胡雪岩的商场发达过程，能由白手起家，没用多少年，就成富可敌国的超级富豪，以致成为中国历史上第一位也是唯一一位"红顶商人"，在很大程度上就是因为他总是不限于一门一行，总在不断地为自己开拓着新的投资方向，并且看准了就大胆投资，没有丝毫的犹豫。

在胡雪岩事业的鼎盛时期，他的生意范围几乎涉及他所能涉足到的所有行当，长线投资如钱庄、丝茶生意、药店，以及典当业和房地产等，可以说是金融与实业无一错过。短线投资如军火、粮食等，所有这些在当时条件下都是能赚钱，而且能赚大钱的生意。

胡雪岩的灵活变通由他投资的曲线就可以发现一二，再加上他的投资方式变化多样，不会固定一种或几种，更多的时候是相互结合，在长线投资的同时根据社会形势与需求穿插适当的短线。所以，他的生意就像一张错落有致的网四通八达。

很显然，胡雪岩如果没有那种有了钱一定想方设法用出去的大气，如果死守着自己熟悉的钱庄生意而不思开拓进取，他的事业绝不可能做得如此轰轰烈烈。因为他的内心有开拓创新的精神，所以才会有这样过人的胆识和魄力。

当然，胡雪岩的超人经商胆略不是从天上掉下来的，而是自己磨炼出来的。求变就要自己先变，自己变化要从眼光和思想开始。胡雪岩有句话"顶要紧的是眼光"，他认为："做生意怎样精明，十三档算盘，盘进盘出，丝毫不漏，这算不得什么！只有眼光才是顶要紧的"。这话可谓道理很深。

胡雪岩所说的眼光，从常理上看，不外乎两种：

一是要看得"准"，能在别人看不出门道的地方看出门道来。比如，胡雪岩由战事起落影响粮食生产看到贩运粮食的前景，由战争的伤痛看到需要帮助的士兵与平民而经营药业，这些都是看得准。

二是要看得"开"，不能只把眼睛盯在自己熟悉的那一行当。比如，胡雪岩做钱庄，却在粮食贩运一行看到了自己可以有所作为的天地。

2. 有眼光还要有胆识

从经营范围的选择和拓展的角度来说眼光特别重要。不过，胡雪岩过人的气魄和胆识，给人们的启发是：

一个没有在商场上开疆拓土气魄的商人，绝不可能在本业之外看到自己有为的天地。比如，同在一起的古应春和尤五，天天看着大上海，对上海的熟悉程度远胜过胡雪岩，而且也都知道战乱年代粮食的价值，可他们就是想不到要去做粮食生意。看到商机才能创造新的发展空间，才可能获得新的成功，胡雪岩的成功就是从这里开始的。

由此可见，大生意人的眼光，往往能够看到十年二十年后的机会；而小生意人，则只会留意眼前的机会。要想成为一个大手笔的

眼光——目光如炬看破大局

活学活用 胡雪岩 为人处世 的智慧

生意人，要有眼光，有胆识，更重要的还要有开拓的精神。这对于眼光的要求就更高了一个层次，不仅要"准"还要"开"要"远"，从别人看不到的地方发现自己的财路。

所以，胡雪岩才这样说："做生意要将眼光放远，生意做得越大，目光就要放得越远。不要怕投资过大。只要能用在刀刃儿上，投资都会收到事半功倍的效果。因此，做大生意，一定要看大局，你的眼光看得到一省，就能做下一省的生意；看得到一国，就能做下一国的生意；看得到国外，就能做下国外的生意；看得到天下，就能做天下的生意。"

可见，在胡雪岩的心里装的永远是开疆拓土，一切的条件和要求都是为此服务的。

商道

——抓住机遇 敢想敢干

　　赚钱一要抓住时机，二要敢想敢干。换而言之，要靠机会，更要靠真本事。对于胡雪岩来说，机遇并非一般人平时以为的"可遇而不可求"，因为他非常擅长把握时势，积极地去创造机遇，而不是像大多数人那样守株待兔，坐等机遇的到来。

精准预测，抢占先机

做生意如在战场打仗，要想在激烈的市场竞争中获胜，就必须对未来市场的动态作出精准预测。但是，准确地判断一项投资能否最终经营成自己的一项财源，并非是一件轻而易举的事。这其中的关键是要有超前预测的能力，要有能在整个局势的盘算中看出必不可易的大方向的眼光。正如胡雪岩所说："做生意贵乎盘算整个大局，看出必不可易的大方向，照这个方向去做，才会立于不败之地。"

市场就像三伏天气，说变就变，神秘莫测。因此，善于识别与把握时机，并且能充分利用这种变化，就显得极为重要。胡雪岩常说："用兵之妙，存乎一心！"做生意跟带兵打仗的道理是差不多的，除随机应变之外，还要有超前预测的能力。

胡雪岩的确有一种天然的优势，就是对整个时事有先人一步的了解和把握，所以能先于别人筹划出应对措施。有了这一先机，胡雪岩就能开风气，占地利，享天时，逐己之利。

清朝发展到道光年间，洋人的坚船利炮，让一个至尊无上的帝国突然吃尽苦头，随之引起长达十几年的内乱。这一变故，在封建官僚阶层引起了矛盾冲突。面对西方的冲击，官僚阶层起初均采取强硬措施，一致要维护帝国之尊严，随后出现了看法上的分歧。一部分人主张对外一律以安抚为主，让洋人找不到生事的借口，以为一味地安抚就可笼络住洋人，可欲加之罪，何患无辞，这无非是国人一厢情愿的主观愿望。当然这些人也是用心良苦，不愿以鸡蛋碰石头，避免一般平民受到损伤。

另一部分人则坚持对洋人采取强势态度，认为一个国家断不可有退缩怯让之心，免得洋人得寸进尺。这一派人以气节胜，但在实际事情上仍然难以行得通，因为中西实力差别太大，凡逢交战，吃亏的定是老百姓。

这两路人都是站在帝国的立场上看洋人，可以说都是"隔"了一层。还有一部分买办商人以及与洋人交涉较多的沿海地区官僚，与前面两者又有不同。对于洋人的不同理解，必然产生政治见解上的不同。在早期，薛焕、何桂清、王有龄见解接近，即持利用洋人的态度，这与曾国藩等人对洋人的反感态度相对，从而导致两派在许多问题上的摩擦。胡雪岩因为投身王有龄门下，自己也深知洋人之船坚炮利，所以一直是薛尧何尧王立场的策划者尧参与者，也是受惠者。

到了中期，曾国藩、左宗棠观点开始变化。左宗棠由开始对"利用洋人"这一观点的不理解到理解和欣赏，进而积极地要开风气之先，胡雪岩之洋人观得以有了依托。

胡雪岩从来都不脱离官府，不论做什么生意都是以帮助官府为根本出发点。由于帮助官府有功，胡雪岩的生意做遍了大江南北遥官府承认胡雪岩，也为胡雪岩提供了他从事商业所必需的自由选择权。假如没有官府的层层放任和保护，在这样的一个封建帝国，胡雪岩会处处受滞阻，他的商业投入与得到的回报必然不相匹配。而投入太大和消耗太多，必然影响他的经营，使其不可能形成如此大的气候。

可以看出，精准预测使胡雪岩在时局混乱的情况下，能处处抢先占领市场空缺或开辟新的市场，这也直接决定了胡雪岩事业的巨大成功。

把握机会，敢闯敢为

有人曾经说过这样一句话："机会是上帝的别名。"因为社会不是按照"辛勤者胜"的规律运行的。社会的内涵复杂得很，事实上是辛勤者中间有着胜负之别，而在成功的辛勤者之中也有巨大的差别，一部分表面上并不辛勤的人，依旧能成功地拥有万贯家财。社会内涵之所以不那么单纯，正是源自这些差异的存在。机会正是使社会面貌发生变化的一个至关重要的因素。

1. 做个懂得把握机会的人

机会到底是什么呢？它是一种开放的、有利的环境因素，使有限的资源发挥无限的作用，使之更有效地创造利益。具体地说，在一定的时间空间下，如果各方面因素以最佳的方式组合在一起，这就是开放的、有利的条件，谁能最快发现并使用这些最佳组合，优化手上的人力、物力，从事投资，谁就可以更快、更准地获得更大的成功，赚取更多的财富。这些有利条件就叫机会。

无论读哪一位商业领袖的成功故事，都会发现故事的主人公是懂得把握机会的人。他们的命运不是一帆风顺，而是充满着挑战的，往往被浓厚的传奇色彩包围着。人生各个阶段当中，对患难的承受力最强的阶段，就是精力充沛、对世界充满好奇又没有家计之累的年轻时代。这个阶段若错过了，年纪再大一点时，也许就没有那份勇气和胆量了。

对于致富来说，利益主要是指金钱的收入，当然还包括名誉的提升，以及形象的树立或改善，而建立声誉和改善形象的最终目的也是带来财富。对于机遇，我们必须主动地去寻找和把握它，我们应该牢记当机遇不在时，就要去寻找机遇，当机遇来临时，就要善于把握机遇，这是追求成功的人应该拥有的基本本领。机遇有时披着险恶的外衣，如果你不能用头脑来分析这外衣下到底是什么，那你将永远不会有机会。

李嘉诚曾经这样说过："机遇只钟爱那些有准备头脑的人。""有准备头脑"涵盖很多的内容，而见识和胆略是其中最重要的一项。有见识和胆略的人才有抓住机遇的可能，而缺乏见识和胆略的人即使机遇频频在他面前跳跃，也视而不见，就算看见了也不会把握。善于利用机遇的人拥有敏锐的目光，机遇一出现，他就迅速出手。因而醒着的人是机遇的宠儿，对于那些不够清醒的人来说，只有在回忆中才会发现机会曾经来过。

胡雪岩在没发达以前就时刻想着要拥有自己的钱庄，他为了这一天做了非常大的投资，如果不是因为想让自己的人生变得辉煌，他只要安分地工作就可以生活得很好。但他毕竟不是池中物啊！为了克服钱庄刚开业资金不足的困难，他连太平军的钱也收纳进来，那可是要掉脑袋的，但胡雪岩不怕。后来王有龄被逼死杭州城，他独对左宗棠的质问，一样是化险为夷。胡雪岩的一生可谓是险象环生，但又柳暗花明。

2. 后人学习胡雪岩善抓商机

机遇一向是为有准备的头脑提供服务的。机遇稍纵即逝，因而，机会总是偏爱有准备的人，他们总是不畏险阻，抓住机遇。在商场上，机遇尤其是一种决定胜负的关键因素。善于抓住商机的人会不断更新自己的目标，而成功者总是富于冒险精神。

善于抓住商机的人会不断更新自己的目标，而成功者总是富于冒险精神。这里所说的冒险不同于头脑简单者的鲁莽，也不同于利欲熏心者的投机，这里所提倡的冒险是商品经济社会的一种时代精神。

在商品经济时代，人们面临的是千变万化的市场，对商品生产者来说，他的每一项决策、每一次行动，既有成功的希望，也有失败的可能。正如马克思所说："交换不成功，摔坏的不是商品本身，就是商品生产者。"如果生产者不敢冒险，那他不仅失去了成功的希望，而且也

免不了失败的结局。

商品经济就是一种竞争经济，"逆水行舟，不进则退""无险不足以言勇"。要走出平庸，活出风采，就要敢于冒险。当然，这里说的冒险并不是像赌徒那样，完全把宝押在"运气"上。冒险不是靠碰运气，而是靠智慧。倘若一点可能性也没有，就冒失轻率地干起来，这就不是冒险，而是盲动，或者说是一种自杀行为。

冒险要建立在科学分析、理智思考和周密准备的基础之上，有70％以上的把握就应当机立断，大胆地去行动。

搏击商海险峰常在，只有敢于攀登、敢于冒险的创业者，才能达到一个光辉的顶点。投资与投机、冒险与成功往往仅一步之遥，但财富只属于那些善于抓住时机、敢于冒险的人。

大凡成功者大多是乐于并善于冒险的人，他们常常去冒常人不敢冒的险，这种第一个"吃螃蟹"的精神正是他们取得成功的秘诀。勇敢是世界上任何领域的一流好手都必须具备的优秀品质之一，只有靠着勇敢，他们才能坦然地面对危险和困难，才能出人头地。

机遇面前，吃亏是福

有这么一道思考题：什么东西人们都不爱吃？不错，答案就是"亏"。可见，人们对吃亏是比较敏感的。但是，对于一个生意人来说，有时吃亏也未必不是一件好事，至少胡雪岩从中得到了实惠。那么，他究竟是怎么做到的呢？

1. 设立"阜康"钱庄

胡雪岩创业的第一步是设立"阜康"钱庄。尽管钱庄有王有龄的背后支持及各同行的友情"堆庄"，然而，如何才能在广大储户中打开局面呢？胡雪岩想出了一个"放长线钓大鱼"的妙计。

且说钱庄开张那一天，晌午，摆宴款待客人之后，客人相继离去。胡雪岩方才静下心思来盘算开业的情况。做生意第一步最重要，要么谋名，要么取利，只有走准了第一步，以后的生意才会水到渠成，不断做大。胡雪岩低头暗自思忖一番，明白做钱庄生意的第一步就是要闯出名头，要让人感到在这里存钱安全，有利可图，如果能做出名气，即使目前舍一点，以后肯定也能财源滚滚。但是怎样才能打响名气呢？忽然，他脑际灵光一现，立刻把总管刘庆生找了过来，下了一道命令：令刘庆生马上替他立十六个存折，每个折子存银二十两，一共三百二十两，挂在他的账上。刘庆生见胡雪岩迫不及待地要开这么多存折，如坠云里雾里，莫名其妙，但既然东家吩咐，只好照办。

待刘庆生把十六个存折的手续办好，送过来之后，胡雪岩才细说出其中的奥妙。原来那些按他吩咐立的存折，都是给抚台和藩台的眷属们

立的户头,并替他们垫付了底金,再把折子送过去,当然就好往来了。

"太太、小姐们的私房钱,当然不太多,算不上什么生意,"胡雪岩说,"但是我们给她们免费开了户头,垫付了底金,再把折子送过去,她们肯定很高兴,就会四处相传,这样,和她们往来的达官贵人岂不知晓?别人对阜康自然就另眼相看了。咱们阜康钱庄的名声岂不就打出去了?到时还愁没生意做吗?"

刘庆生心领神会地点了点头,心中暗自佩服胡雪岩做生意的手法。

刘庆生把那些存折送出没几天,果不其然,就有几个大户头前来开户。钱庄业的同行对阜康钱庄能在短短几日内就把他们结识多年的大客户拉走颇为惊讶,不知所以然。

胡雪岩不只把目光盯着太太、小姐们等上层人物,他还注意吸收下层人民的私蓄。他没有忽略处于社会底层的重要顾客群体。他知道,下层社会中,虽然每一个人的私蓄不多,但是积少成多,小河也能汇成汪洋大海。

在寻常人的眼光看来,胡雪岩在经营中的一些做法实在是一些"舍本生意"。但胡雪岩的高明在于,他能看到长远的利益,因此舍得吃亏,而他的投资,往往也都得到了很好的回报。

2. 舍得用吃亏换效益

胡雪岩目光高远、舍得用吃亏换效益的策略还体现在另一件事上。

胡雪岩的阜康钱庄刚开业不久,绿营兵罗尚德便携带毕生积蓄的一万两银子前来存款。罗尚德是四川人,年轻时嗜赌如命,且经常是一掷千金地豪赌。没过几年,罗尚德赌场失意,不仅把祖辈遗留下来的殷实家产输得一干二净,还把从老丈人处借来的、准备用于重兴家业的一万五千两雪花花的白银在一夜之间输得分文未留。老丈人气愤不已,他不想看到自己的闺女跟着这么一个赌徒受苦受累,于是把罗尚德叫来,告诉他,只要罗尚德把婚约毁了,那一万五千两银子的债也就同时一笔勾销。血气方刚的罗尚德难以忍受老丈人看轻自己,他当众撕毁了婚约,并发誓今生今世一定要把所借的一万五千两银子还清。

他只身背井离乡，辗转来到浙江，参加了绿营军。十几年来，他想方设法，拼命赚钱，而今他已积聚了一万两之多，但由于太平军的兴起，绿营军随即就要开拔前线，罗尚德不可能把钱随时带在自己身上，他必须找个妥善的地方放置。恰好他听说了胡雪岩的义名，深感可靠，于是就带上毕生的血汗钱前往阜康。

一名普通绿营兵竟然有一万两银子的积蓄，这不得不叫人对钱的来路产生疑问。加之罗尚德存款四年，不要息，甚至连存折也不要，只要保本就行，这更令人疑窦四起。店堂的总管不敢轻易做主，生怕钱的来路不明，惹了官司，赔了本不说，还砸了钱庄的牌子，只好向胡雪岩报告情况，让他自己拿主意。

胡雪岩听说这件事后，知道其中必有隐情，他叫上罗尚德到屋里摆上一碗。酒过三巡，两人就开始了推心置腹的谈话。罗尚德见胡雪岩如此豪爽，果然名不传，便把自己的经历与想法和盘告诉了胡雪岩。

胡雪岩听说之后，诚恳地建议罗向德存一万两银子定期。虽然对方不要存款利息，但钱庄按照行规仍然以二年定期存款的利息照算，三年之后来取，连本加息一次付给一万五千两银子。另外，二千两银子作为活期存款，如有急事随时都可以支取。所有这些存银都要立上存折，因罗尚德不便携带，暂由刘庆生为其代管。

凭这几句话，罗尚德就为胡雪岩的侠义气概所折服，当即决定把钱存放在阜康钱庄，就离开了。

若以平常眼光来看，胡雪岩的这一慷慨之举似乎失当。然而，它带来的广告效应马上就显露出来了。胡雪岩的侠义，很快就得到了回报。罗尚德回到绿营军把自己到阜康钱庄存款的事告诉其他士兵后，这些即将出征的士兵纷纷把自己的积蓄都存放到了胡雪岩的阜康钱庄。短短几天时间，阜康钱庄就收集了这类存款三十万两之多，一下子就解决了钱庄新开业、家底不厚的问题。

在商业竞争活动中，赢得广大顾客的信赖，赢得广大的客源及市场占有率，是一个企业得以存活、得以发展壮大的根本。要想赢得广大顾客的信赖，赢得优质的客源及市场占有率，最有效的手段就是"

以亏引赚"。

"以亏引赚"是一个屡试不爽的商用奇谋，明着看似吃亏，暗里实则赚大便宜，其功效与"短予长取"无异。

在现代经营中，许多成大事者都具有这样敢于吃一时之亏的精神。他们的睿智，表现在目光长远，不为一时利益所限，最终得到了丰厚的回报。

生存

——给人活路 存己财路

胡雪岩的一生，拥有过令人羡慕的巨大成功，达到了同时代的人无可企及的巅峰状态，最后却因为一个疏失，东窗事发，一败涂地，郁郁而终，令人为之痛惜。然而，胡雪岩仍为我们留下了许多值得深思的智慧。这些智慧将为我们指引出一条生存之道，在我们的人生道路中将扮演重要角色。

善驭时事，方有胜算

中国历代帝王把为政之道归纳为："深谋、杀伐、聚贤、用势"，由此可见用势对于为政、经商等都非常重要。

胡雪岩说，做生意，把握时事大局是头等大事。

胡雪岩生于1823年（道光三年），卒于1885年（光绪十一年），历经清代道光、咸丰、同治、光绪四朝，适逢一个新旧嬗变、纷纭复杂的大变动时代。

那时，内忧外患交相煎迫，国库极度虚乏，时势需要商人扶危纾难。在此以前，华夏民族虽与周边异族几经逐鹿，但整个国家的生存、发展并未因此受到威胁，相反，在与异族的冲突中不断维护和扩大了大一统的局面。这使封建统治者滋长了文化优越感，开始故步自封。近代史前期的二三百年间，明清专制政权实行闭关和抑商政策，中国错过了从传统社会向资本主义社会过渡的有利时机。

到18世纪末19世纪初，进入"悲风骤至，日之将夕"的封建末世，与经过资产阶级革命和工业革命而国力大增的欧美资本主义国家相比，当时的中国已经整整落伍了一个时代。

胡雪岩18岁那年，也就是道光二十年（1840年），鸦片战争爆发。大不列颠军队挟坚船利炮打败了中国装备落后的八旗、绿营，于道光二十二年七月二十四日逼迫清政府签订了中国近代第一个不平等条约——中英《南京条约》。第二年，又订立中英《五口通商章程》和《虎门条约》。通过这些条约、章程和条款，英国侵略者强占香港，勒索二千一百万元赔款；逼迫中国开放广州、福州、厦门、宁波、上海五口岸为商埠；规定"值百抽五"的低税率；还攫取了领事裁判权和片面最惠国待遇。

继英国之后，美、法两国分别效仿，胁迫清政府签订了中美《望厦条约》和中法《黄埔条约》，扩大领事裁判权的范围，并获得在通商口岸自由传教的特权。这也正应验了中国的那句古话，"墙倒众人推"，当中国遭遇国难时，西方列强纷纷乘虚而入。

此后，本来就深受封建统治之苦的平民百姓又加上了帝国主义压迫这一重负，生活境况更加恶化，纷纷铤而走险。据《清实录》道光、咸丰两朝所载，从1842年到1852年这十年之间，全国武装起义就有九十二起。1851年1月11日，广东花县人洪秀全，在广西桂平县发动了中国历史上最大的一次农民起义——太平天国革命运动。

在不到三年的时间内，太平军势如破竹，先在永安建国，继而迅速挺进两湖，定都南京，接着又溯江西征，挥师北伐，在相当长的时间内，占有大片地盘，与清廷分庭抗礼。在此期间，上海与福建的小刀会、两广天地会、红巾军、北方捻军、贵州苗民、云南彝民和回民、陕甘回民、山东白莲教、浙江天地会等也纷纷举起了反清的大旗。

中国内战使列强有隙可乘，他们趁火打劫，先后迫使清政府签订了《天津条约》和《北京条约》。经此变故，外来势力从沿海扩大到长江流域，从华南伸展到东北，中国的领海和内河主权、海关和贸易主权、司法主权受到侵害，特别是公使驻京一条，意味着官派入京的洋人再不是康乾盛世时行面君之礼的"贡使"，而是以条约为护符、恃武力为后盾的公使，这对一向以"天朝大国"自居的清王朝来说，不能不说是个致命的打击。

道光以后内战外祸的结果使社会生产遭到严重破坏。素称"鱼米之乡"的东南地区兵燹之后，死亡枕藉，流离皆是。

与此同时，全国各地的旱、涝、蝗、饥、疫等自然灾害也相当频繁，鸦片走私、战争赔款、内战军费，加之各地官员贪腐成风，使得清政府财政状况极端恶化。

国库罄悬必使百业受困。十九世纪中、下叶正是举办洋务、筹边固

防之时，常有请款之奏，而清政府财政捉襟见肘。任何一个政权都需要财富来做统治基础，晚清财政的窘境为拥有殷实资本的商人介入国事提供了客观前提。

其次，商品经济发展和欧潮澎湃东来，冲击了中国传统的"农本商末"观，为商人施展抱负创造了较前宽松的氛围。

中国封建社会大一统的专制政权是建立在小农经济基础之上的，这一本质决定了封建政府对极易引起人口流动、破坏小农经济稳定性的商品经济采取苛刻的态度，奉行以农稼为本、以工商为末的政策。

传统的崇农抑商政策和儒家"不患寡而患不均"的教化，使"商为末业""商人为四民之末"的观念深入人心，无论政府立国施政还是民间世俗生活一直被"末修则民淫，本修则民悫"的原则所左右。

但是，商品作为一种特定的社会经济载体，起着沟通人与人之间、地区与地区之间的纽带作用。社会的发展和文明的进步需要商品经济，谁也无法回避这个客观事实。

加上封建政权租给农民农田，往往竭泽而渔，导致种田勤苦而利薄，经商安逸而利厚。受实际功利的驱使，总有那么一批人会不顾政府的贬黜去闯荡商海，所以商品经济在封建高压下依然有缓慢的发展。

到明朝中、后期，已在磨难中出现资本主义萌芽，中国封建社会母体内的变革因素已悄悄萌动。进入晚清，偏离传统轨道的进程因鸦片战争的爆发而呈现跳跃式的轨迹。战后，由于国门洞开，各国大量输销工业品、掠夺农副产品和工业原料，中国被迫卷入世界市场，男耕女织的自然经济结构首先在东南沿海和长江流域受到巨大的冲击。

第二次鸦片战争以后，列强通过控制海关、航运、财政、金融等经济枢纽，把经济活动拓展到了中国广大腹地，并深入穷乡僻壤，从而进一步加速了中国封建经济的解体。19世纪60年代以后，中国推行洋务新政，开办了一批近代军事、民用工业，这就促使传统的以手工劳动为基础的自然经济向以大机器生产为基础的社会化商品经济过渡，社会上出现了"力田稀、服贾繁"的局面。

此外，晚清以来，西方物质文明、生活习俗、自然科学和社会科学

知识通过洋货输入、传教布道、租界展示、出洋考察和大众传播等各种渠道传入中国,对中国民众产生了潜移默化的影响。

人创造环境,同样环境也创造人。晚清的那个时代为像胡雪岩一样的这些商人们的出现提供了一个社会平台,但这并不意味着他们都能像胡雪岩一样取得成功。重要的是胡雪岩在这个动乱的时代里,能够把握这个时代中的时局变幻和时事变迁。这一点正是胡雪岩成功的一个关健因素。

在跟洋人打交道方面,随着交往的增多,胡雪岩逐渐领悟到洋人也不过是为利所趋,所以只可使由之,不可放纵之。最后发展到互惠互利,其间的过程都是一步一步变化的。

胡雪岩的确有一种天赋,就是对整个时事有先人一步的了解和把握,所以能先于别人筹划出应对措施。占了这一先机,胡雪岩就能开风气,占地利,享天时,逐己之利。

胡雪岩因为占了先机,所以能够先人一招,从容应对。和纷乱时事中茫然无措的人们相比照,胡雪岩的优势便显现出来。

胡雪岩对于他所处的那个时代的时事、时局有其独特、老练的应对之策,推而广之,我们可以说,一个人对时事的驾驭如何,直接决定着其事业的成与败。

思诚神钦，绝处逢生

在《说文解字》中，信是会意字，从人，从言。信的本意是真心诚意、专一不移。人的言论应当是诚实的、真实的、不虚伪的。如果一个人言不由衷、说假话，就不会有好的口碑，那人们就不会喜欢与之交往，这样的人要想有作为可就难了。

我国古时就有"一言既出，驷马难追"之语，在西方也有"永远不要给人以承诺"的谚语，因为一种承诺就是一种责任，而只有那些能控制自己意志的人才可能将这种责任即承诺很好地完成。因为有时我们的热情会引导我们去做份外的事，非常容易使我们忘掉我们曾经的承诺。因而要想使自己记得自己的承诺，就要将"信"这一理念作为一种信仰来崇奉。

现实中，我们喜欢和某个人打交道，很大一部分原因是因为这个人是一个有德之人，所以说不要说中国人没有信仰，因为中国人更信"德"。一个有信仰的人是令人尊敬的，一些成功人士更是把对"信"的践行看作比生命还重要的事情。

在他们看来，只要一次失信于人，那失去的也许不是一个人的信任，而是大多数人的信任，一旦失去大家的信任，那么也几乎就等同于踏入了人生的绝境。这就要求人在面对一件事的时候，如果办不到那就承认办不到，与其失信于人，不如向人承认自己的无能，因为无信比无能更可怕。

作为中国"亚商圣"的胡雪岩，无论是在做人、做事、做生意任何一方面都以"信"字为基本。而作为一个以取利为目的的商人，当利与信有冲突时，他绝对是先取信的。因为他相信只有抱着一颗"信"心去处世，才能在绝境中留有一丝希望，而这丝希望就是他翻身的曙光。

一次，胡雪岩在上海购买了一批洋枪，需要松江漕帮协助他们运到浙江地面。可是货到松江时，他们却发现麻烦来了。松江漕帮中的要人魏老头子的旧好俞武成，已经和太平军方面的赖汉英接上关系，一切布置停当，只等这批军火从海上起运，打算一入内河就动手劫取，而这个魏老头子也答应到时有所照应。

胡雪岩得知这一情况后，发觉情势十分尴尬。因为如果俞武成不是他的"同参弟兄"，那事情就好办，或者这批军火不是落到太平军手里，事情也好办。当时的处境真是令他左右为难。

就在这时松江漕帮得悉这批货原来是胡雪岩的，魏老头子果断决定断了与俞武成的交情，反过来帮助胡雪岩，阻止俞武成动手。事情就这样柳暗花明地发展到了这个地步。但胡雪岩却不想因为自己而让松江漕帮多个敌人，同时使自己也多了个对手。这时他突然想到一个两全的解决方案。

胡雪岩决定搬出俞武成的老娘俞三婆婆出面干预这件事，让她硬压俞武成撒手让步，因为在江湖上行走的人最是看重"孝"字。他向俞老太讲述了事情的厉害关系：虽然江湖以义字为重，但这时的太平军属于乱党，以自己和官方的关系只是不愿意动用官兵护送罢了。如果真是动起武来，只是怕伤了双方的和气。

胡雪岩这样说主要是为了对方面子上好看，实际是提醒对方如果真由官兵护卫，那俞武成就是抢劫军械，这是比强盗还重的罪名，认起真来，恐怕灭门有余。

俞老太听罢，立即明白了事情的原委，决定要训斥自己的儿子，告诉他不得与胡雪岩为难。

但胡雪岩也要照顾到俞武成在兄弟中的威信，因为这些兄弟这次来抢这批军火会得到很多好处，就此让俞武成罢手，他手下的弟兄也许会不同意。作为一个最通晓人性的商人，胡雪岩当然不会不了解这一点。

胡雪岩先是请示官府，得到了保证不诱降（不先降后杀）俞武成一

伙人的承诺，而后胡雪岩自己又拿出一万两银子送与俞武成来作为补偿。这样既保住自己的生意不受损，也保住别人的颜面。虽然损失了一笔钱财，但是却保住了价值更重的货物。

在这件事上起到决定性作用的，无疑是松江漕帮的"临阵倒戈"，之所以会有这样的情况发生，是因为之前胡雪岩曾使漕帮少受了一大笔损失。胡雪岩基于他对信字的执着而种下了一个因，在后来就收到了果。这种信是一种对得起自己良心的信，对于胡雪岩来说，并不是所有钱他都会去赚的。

原来早年胡雪岩帮助王有龄解决解运漕米难题的时候，经过一番努力，曾与松江漕帮达成协议，先由松江漕帮在上海的通裕米行垫付十几万担大米，解浙江海运局漕米解运难以按时完成之困，待下一步浙江漕米解运到上海，再以等量大米归还松江漕帮。这是王有龄一上任就遇到的关系其前途的问题，但胡雪岩凭着其在人们心中的地位使这个问题得到了解决。

可王有龄突然听到了一个内部消息，原来洪秀全已经开国称王，定都南京，自立国号为太平天国，大有北渡取幽燕之势。这时，朝廷已经派出大批兵马围剿。时局的这一变化，意味着朝廷与太平军之间将有一场决胜败的大战，而且在王有龄看来，局势会向有利于朝廷的方向发展，关键只看朝廷的练兵和粮饷办得如何。朝廷与太平军之间战事在即，意味着做粮食生意将大有可为，因为不管哪一朝、哪一代，只要一动刀兵，粮食一定涨价。

于是，王有龄就与胡雪岩商量，想将松江漕帮那批大米改垫付为直接收购。可当胡雪岩听到要起兵事的消息时，他感到的却是一阵欣慰，因为在他看来和漕帮议定的由他们垫付漕米，到时以等量大米归还，真的是帮了他们的大忙了。

而王有龄想到的却是与其让别人赚，不如自己赚。他要改变原来商定的办法，就是要将那批将来议定还给漕帮的大米囤积起来，等战事一起，自己卖出赚钱，他甚至想到借漕帮的通裕米行来囤积这批粮食。

胡雪岩一明白王有龄的意图，立即就表示反对。他对王有龄正色说

道:"主意倒是好主意,不过我们做不得。江湖上做事说一句算一句,答应人家的事不能反悔,不然叫人家看不起,以后就吃不开了。"

正是因为这件事才使得漕帮对胡雪岩心存感激,才会让他日后的这批军火生意得以顺利完成。世间本就没有随便的成功,所有的结果前面一定是有原因的。

古人云:"以诚感人者,人亦诚而应。"这是一句非常有道理的话。美国凯特皮纳公司就是以一"信"字来密切与客人的关系。这个公司的承诺是"凡是购买了我公司产品的用户,不论在世界任何角落,只要需要更换零配件,我公司都将保证在48小时内送达。否则,我公司的产品就白送。"

他们以自己的行动实现了承诺。有时为了往边远地区送一件价值50美元的零件,就要花掉一两千美元的运输费。有时候因故无法在48小时内送到,他们也真的做到免费赠送。正是因为这种守信的态度,才使得他们的业务经久不衰。可见"信"作为一种道德基准,在古今中外都是为人所看重的。

移花接木，借鸡生蛋

做生意一定要活络，移东墙补西墙而不穿帮，也是一种本事。

胡雪岩要做生丝生意，他与阿珠的父亲谈妥，自己出1000两银子做本钱，让阿珠的父亲回到老家湖州，立马开出一家丝行坐地收丝。但此时却遇到了一桩麻烦：按照定规，开丝行要领"牙帖"，也就是我们今天所说的营业执照。

按惯例，丝行"牙帖"要由京里发下来，因而手续十分繁杂。首先必须由拟开丝行的人先提出申请，再由当地州县层层上报到京，最后由京里审批之后再将照本发下，如此一来，要领到一张"牙帖"，来来去去最快也得三个月。新丝都在四、五月间上市，这个时候，乡下正是青黄不接的当口，蚕农都等钱用，同时，蚕农即使不等钱用，也会急于将新丝卖出去，因为新丝存放时间长了会发黄，价钱上会打很大的折扣。

对于丝行来说，这个时候开秤收购，自然容易有一个好的进价。此时已经是三月末了，如果按正常手续办理丝行"牙帖"，一定会耽误了收丝。丝行生意多是一年做一季，错过一季也就只好等到来年。

所以，当老张把这一情况告诉胡雪岩时，胡雪岩当时就有些发急，他要求老张回到湖州想办法，哪怕花上三五百两银子的租金租一张牙帖，也在所不惜，一定先把门面摆开来，他月半左右就要到湖州收丝。

胡雪岩如此着急，自然有他个性上的原因，他办事总是只要想好了就马上着手去办，决不拖拉。但此时的着急，还有一个更重要的原因，那就是他已经有了自己一套周密的盘算：他要用在湖州收到的代理官库的现银，就地买丝。

王有龄此时已经得到了外放湖州任湖州知州的肥缺，已经操持着要走马上任。而此时胡雪岩的阜康钱庄也已经开立起来了，王有龄既到湖州，也必然要让他的阜康钱庄代理湖州府库的"收支"，这正是胡雪岩开办钱庄之初就设想好了的。

王有龄一到湖州，第一件事当然就是征收钱粮，因而也必然地将有大笔需要解往省城杭州的现款入到阜康钱庄。胡雪岩要来一次移花接木、移东墙补西墙的生意运作，即用湖州收到的现银，就地买丝，运到杭州再脱手变现，解交"藩库"。反正只要到时有银子解交"藩库"就行，对公家不损一毫一两，对自己却是可以无本求利的买卖，何乐而不为。

既然已经有了这么好的一个计划，他哪里还肯白白耽误这一年的时间？胡雪岩的这一个"移花接木"，其实也是一种"借鸡生蛋"的方式。不过，这一种"借鸡生蛋"，比单纯用一笔资金做一桩生意，比如仅仅按原来的设想用代理公库的银子经营钱庄兑出兑进的业务，又高明了许多。

一笔资金只有在流动中才会得到增值，用胡雪岩的话说就是，放在那里不用，大元宝不会生出小元宝来。因此，做钱庄生意，决不能让"头寸"（资金）烂在那里。

一个生意人既要懂得如何去筹措资金，更要学会如何去使用资金。怎样才能将自己的资金变成"活钱"，而不使任何一笔自己筹措到的可用的资金闲置，并且，如何才能恰到好处地使用自己筹措到的每一笔资金，让它尽快也尽可能多地增值，这其中的学问，实在是差距很大。

从这个角度看，胡雪岩所说的"做生意一定要活络"，要知道如何去移东墙补西墙而且不穿帮，对于生意人来说，确实是一种本事，而且还是一种大本事，胡雪岩移花接木、借鸡下蛋的手腕，确实老到而奏效。

和为上策，和气生财

"和气生财"是众所周知的一条谚语，这里的"和气"所包蕴的内涵是相当宽泛的。不单是经商的道理，也是为人处世的策略。商场因利益博弈而情势复杂，人世则更为变幻莫测。经商是做人，而做人也正如经商，两者之间有着极其相似的地方。

商场上众多屡战屡胜的能手，个个都是人情练达的行家。中国传统商人讲究"圆世"策略，也就是主张"和为贵"，处事求圆满，交接讲和气。而经商所讲究的"和"，可以分为两个部分来理解：一是内部的和气，即常言所讲的"二人齐心，其利断金"就是这个道理；二是外部的和气，人不可能孤立于世，一个组织、团体更是如此。如果说内部的团结是组织发展壮大的基石，那么，与外部环境的和谐共生则关系到组织的生死存亡。

驰骋生意场上的胡雪岩与拼搏在官场中的曾国藩一样，对"和"字也有自己独特的理解。在生意场中，没有永远的朋友，也没有永远的敌人，只有永远的利益。要能当众拥抱敌人，化敌为友，才能称得上是商场中的高手。

有一次，王有龄从湖州回到杭州，去拜见巡抚大人黄宗汉，不料黄宗汉却说有要事在身，不便接见。王有龄自从当上湖州知府以来，与上面的关系处理得相当好，每次他到巡抚院，黄宗汉总是马上接见，而今日却把他拒之门外，是什么原因呢？立在巡抚府衙前的王有龄，此时真有点丈二和尚摸不着头脑了。

满腹心事的王有龄回到家后，就立即找来胡雪岩探讨原因。胡雪岩听后即说："这肯定出了什么事，待我找人去打听打听。"

于是，胡雪岩亲自来到巡抚院，找到巡抚手下的何师爷，由于两人是老相识，因此无话不谈。经过一番打听，原来是黄宗汉的一个表亲周道台在作怪。周道台曾在黄宗汉面前进了谗言，说王有龄所管理的湖州今年收成极好，得了不少银子，但孝敬巡抚大人的银子却不见上涨。

贪财的黄宗汉听了，心中自然有些不快，所以就发生了开头的一幕。巡抚这样做，无非也就是想给王有龄一些颜色，让他知道孝敬上司。

但是，周道台为何要在巡抚的面前说王有龄的坏话呢？这其中又另有原因。原来，这个周道台也是捐官的候补道台，他仗着自己是黄抚台的表亲，一向都是飞扬跋扈，人皆有怨。前任湖州知府迁走之后，周道台极力争取补缺，但由于王有龄用了大量的银子，同时黄宗汉也深知自己这表亲的品性，怕他生事，所以最终还是把湖州知府给了王有龄。周道台因此便恨上了王有龄，所以常在巡抚面前说些诋毁王有龄的坏话。

对于黄宗汉的不快，胡雪岩立即以两万两银子解决了。但是对黄宗汉身边的周道台，却找不到好的解决办法，因此心中还是闷闷不乐。常言道打狗还得看主人，要想动他还真不容易。胡雪岩思来想去，连夜写了一封信，附上一千两银票，派人送往何师爷处。

何师爷半夜赶来与胡雪岩一阵密谈，胡雪岩得到这样一个重要的消息：周道台正伙同浙江藩司与洋人洽谈一桩很大的军火生意，购买炮舰，但却没有禀报巡抚。这件事，无疑是犯了官场的大忌。这藩司与黄抚台早有仇隙，仗着军机大臣文煜是自己的老师，所以才敢如此大胆。

胡雪岩把这一消息告诉了王有龄，王有龄一听大喜，主张将此事立即告诉巡抚，让他去处理。胡雪岩想了想却说："这事做不得！生意人人做，大路朝天，各走半边。如果强行断了别人的财路，得罪的可不是周道台一人，况且传出去，人家也当我们是告密的小人。"

于是两人又商议了半天，最后终于想出了一个"当众拥抱敌人"的和解方案。

这天深夜，周道台被人从梦中惊醒，开门一看，原来是何师爷敲门。何师爷也不说话，慌慌张张地从怀里摸出两封信递给他。周道台打

开信一看,脸色顿时惨白。原来这竟然是两封告他的密信,信中历数了他的劣迹,不仅事实清楚,而且证据确凿,还特别提到他同洋人购船之事。

这时,何师爷在一旁说道:"今天下午,有人从巡抚院外扔进这两封信,让守卫的士兵捡到了,我当时正好路过,收过来一看,觉得大事不妙,所以趁着深夜来告诉你。"

周道台一听,此刻早已魂飞魄散,连对何师爷感激的话都说不出来。情急之下拉着何师爷的手,求他出谋划策,指条明路。何师爷也故作沉思了一番,对道台大人说:"黄大人所恨的是藩台,他并不反对买船。现在既然已经同洋人谈好,不买也不行。但是如果要买,这笔银子抚院肯定一时凑不齐。要解决此事,必须要有一位巨富相助。"

周道台听了这个建议,着急地说:"但是我在浙江素无朋友,更不认识巨富,此事难办啊!"

何师爷见此,便借机点化他:"湖州王大人素受黄大人器重,其契弟胡雪岩又是浙江大贾,仗义疏财,你可以向他求救啊。"

一提王有龄,周道台又变了脸色,一言不发。何师爷于是又对他陈述了其中的利害,听得周道台是又惊又怕。想来想去,确实已经无路可走,便于第二天早上来到王有龄的府上。王有龄听罢周道台的来意,沉思了片刻,说:"这件事兄弟我原不该插手,既然周兄有求,我很乐意协助。不过所给好处,分文不敢收。周兄若是答应,兄弟立即就去办。"

周道台还以为自己听错了,赶紧声明说:"这是我一片真心。"两人推辞了一会,周道台只好无奈地答应了。

尔后,王有龄来到巡抚衙门,对黄宗汉说,自己的朋友胡雪岩愿借资给浙江购船,事情可托付周道台办。黄宗汉一听,心想自己又有油水可捞,便毫不犹豫地同意了。

通过这件事,周道台见王有龄做事果真厚道大方,不禁自觉惭愧。办完购船事宜后,亲自来到王有龄的府上负荆请罪。此后,两人竟成了莫逆之交。

善于推销自己，创造无形财富

做人要有真本事，滥竽充数之人虽然可以蒙蔽别人一时，却不可能蒙蔽别人一辈子。但做人也怕有了真本事却不会表达，空有一身才华而无人赏识。正所谓是"酒好也怕巷子深"，所以一个人若想出人头地，适当的时候站出来推销自己，要比待在角落里等着被人发现强百倍、千倍。

前面我们说过，胡雪岩很注重自己的无形财富——名气与形象，在他看来，做事情，提升自己的名气和牌子是很重要的，典型一例是胡雪岩卖猫。

胡雪岩因资助王有龄进京投供丢了饭碗，在杭州没法待了，就去了上海。他在上海举目无亲，生活相当愁苦。有一天他外出寻找生计，在回来的路上捡到一只病猫。胡雪岩一个人吃都顾不上，哪来的闲心养猫。但他看到那只病猫卧在路边直冲他喵喵叫，实在可怜，突然灵机一动，就把猫抱了回去。

第二天，胡雪岩外出，他在门口大声地告诫房东："好好照看我的猫儿，这种猫全城找不出第二只，千万不能让外人知道。要是被人偷走了，那就要我的命了，这猫就如同我的儿子。"

胡雪岩天天都要这么说上一通，邻居们耳朵里听多了，心里止不住地好奇，很想看看这猫究竟长得啥模样。可是，胡雪岩谁也不让看。

有一天，那只猫猛然挣断绳子跑到了门口，胡雪岩赶紧把猫抱了进去。正巧在场而又眼快的人，看到那只猫是干红色的，且全身上下连尾巴和脚上的毛须都是一片干红色。见到的人没有一个不惊奇、不眼红

的。当时,消息就纷纷扬扬传开了。

不久,这消息传到了当地一个富绅的耳朵里,于是这个富绅就派人用高价来买这只猫,胡雪岩坚决不肯卖。越是如此,富绅越不肯罢休,一定要买,价格越出越高,胡雪岩还是不肯卖。后来好说歹说,允许富绅看一次猫。看了之后,富绅更觉稀罕,无论如何要得到这只猫。最后,终于以二十两银子把猫买走了。

富绅把猫带走的那天,胡雪岩心痛得不得了,整整一天长吁短叹,惆怅不已。

富绅得到猫后高兴极了,整天在朋友们面前炫耀。可是,不久便发现猫的颜色渐渐淡了下去,才半个月就成了一只普通的白猫了。富绅马上带着猫去找胡雪岩,哪知胡雪岩早就搬走了,不知去向。

原来,胡雪岩是用染马缨的办法把猫的颜色给染了,染的次数多了就成了干红色,而他以前所有告诫房东的行为,不过是想引起人们注意的手段而已。

还有一次,胡雪岩在南京积压了几千轴丝绢,而当时,丝绢行情不好,即使出手,也卖不了几个钱。

胡雪岩灵机一动,和金陵城的几位当官的朋友和有名望的富绅说好,每人做一件丝绢单衣穿在身上。其他官员和读书人一见,争相仿效,丝绢单衣很快成为时髦,丝绢价格随之上扬,一时间大有"洛阳纸贵"的势头。

胡雪岩一看时机已到,便让人把仓库的丝绢全拿去卖了,每轴竟然卖到了一两黄金的高价。

胡雪岩卖猫的手段当然有点不正当,但是,我们所要关注的是胡雪岩的做事方式。不管他那是货真价实的好猫还是假冒伪劣的"好猫",首先他把猫的名气打了出去,如果只把它藏在深宅中,恐怕是再好的绝世极品也只有自己欣赏的份儿。

胡雪岩的成功,实则源于他巧妙的营销策略与对人性的深刻理解。他深知,要想让潜在顾客对商品产生兴趣,既要有足够的曝光,又要保持神秘感,引发人们的好奇心。这种策略,使得他的商品在市场中独具魅力，吸引了众多富绅的目光。

胡雪岩的策略，仿佛一场精心编排的戏剧。他先是通过各种渠道，让富绅们对那只干红色猫产生了浓厚的兴趣，但他并未急于展示猫的真容，而是巧妙地运用"千呼万唤始出来"的手法，让富绅们对猫的期待逐渐升温。

当富绅们的好奇心被充分激发后，胡雪岩又适时地采用"犹抱琵琶半遮面"的策略，让富绅们在期待中更加迫切地想要一睹猫的风采。这种欲擒故纵的手法，不仅加深了富绅们对猫的渴望，也让他们对胡雪岩的智谋和眼光产生了敬佩之情。

当富绅们终于得见胡雪岩的干红色猫时，胡雪岩的广告策略已然大获全胜。接下来的谈判过程，更是胡雪岩展现自己高超技艺的舞台。他凭借着过人的智慧和敏锐的观察力，成功地与富绅达成了交易。

做人亦是如此，要想在竞争激烈的社会中脱颖而出，就必须懂得适当地推销自己。正如那句俗语所说："酒香也怕巷子深。"

一个人再有才华和能力，如果不加以展示和推销，也难以得到他人的认可和赏识。然而，推销自己并不意味着过度吹嘘和炫耀，而是要在合适的时机和场合，展示自己的优点和特长，让人看到你的价值和潜力。

当然，推销自己也需要有策略和技巧。我们可以借鉴胡雪岩的"瞒天过海"之计，通过巧妙的手段和方式，让自己在众人中脱颖而出。同时，我们也要学会保持神秘感，不要一下子把所有东西都展示出来，而是要让别人在接触和了解你的过程中，逐渐发现你的优点和魅力。

胡雪岩的营销策略，犹如一盏明灯，照亮了商界的道路。他深知，在波谲云诡的商业战场上，只有不断创新、灵活应变，才能在竞争中立于不败之地。他不断研究市场趋势，洞察消费者心理，使得他的商品总能紧跟潮流，满足富绅们的品味和需求。

胡雪岩不仅善于运用营销策略，更懂得如何与人打交道。他深知，商业的本质是人与人之间的交往和合作。因此，他总是以诚待人，以信为本，赢得了众多富绅的信任和尊重。他的诚信和人品，成为了他在商

界立足的根本。

然而，胡雪岩的成功并非一蹴而就。他在商海中摸爬滚打多年，经历了无数的挫折和磨难。但他从未放弃，总是坚持着自己的信念和原则，最终走上了成功的道路。

胡雪岩的故事告诉我们，成功并非偶然，而是需要付出努力和智慧的。只有不断学习、不断进步，才能在激烈的竞争中脱颖而出。同时，我们也要懂得推销自己，展示自己的优点和特长，让人看到你的价值和潜力。只有这样，才能在人生的舞台上绽放光彩，成为真正的赢家。

总之，胡雪岩的成功之道给我们提供了宝贵的启示：在人生的道路上，我们要善于推销自己，展示自己的价值和潜力；同时，也要保持神秘感，让别人在接触和了解我们的过程中，逐渐发现我们的优点和魅力。只有这样，我们才能在竞争激烈的市场中立足，实现自己的人生价值。

修养

——修身种德 济世为怀

修身养性是人生的一个主要部分，修身是琢磨性情、陶冶情操，养性则可开拓视野、提高自身素质。修身养性的功力和事业的成败是紧密相关的，胡雪岩能成为一代商神，也和他勤于修身密不可分。

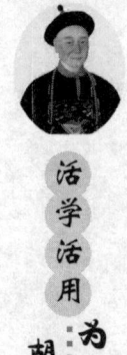

以德取众，名利双收

古人云："天薄我以福，吾厚吾德以迓之；天劳我以形，吾逸吾心以补之；天厄我以遇，吾亨吾道以通之。天且奈我何哉？"

这是劝人向善的古训，当然并不是所有人都能参破这一点，因为每个人都不想把自己得到的再失去，就是因为不舍所以才得不到。世间之所以有些人总是可以得到好处，这和他们的行事方式是大有关系的。有些人总是帮助别人，但也没见他比别人穷，反而是越发的富有。原来这些聪明的人知道在他们付出的同时，有一种暗隐的力量在使他们得到更多。

胡雪岩的发财史细究起来就是部捐助史，当然他的捐助大都是有目的的。不是所有人都具有他这种气魄，他在当学徒时就把数目不小的钱给了王有龄，他的行为在王有龄看来就是一个绝大的善举，而不会想到这是胡雪岩的一笔投资。就像王有龄一样，当所有的穷人在得到富人的捐赠时，有谁会想到这是一笔投资呢？当然也不能因此就说这些捐赠人心机太重，因为这种行为毕竟让双方都得到了益处。只有把钱捐出去而又收到最大的益处，这才是最重要的。

胡雪岩作为一代官商，他非常清楚自己做生意都与时局有关，这是他的切身体会。纵观胡雪岩个人成功的过程，离不开时势。但"英雄"也绝不是时势的被动产物，在胡雪岩的心中，善于明察时势、看准时局、维持市面，是保证其事业成功的重要条件。

正因为如此，胡雪岩也总是把帮助维持市面的平静、安定与和谐，放在一个重要的地位，即使自己要付出一些代价，也在所不惜。

比如，胡雪岩对待杭州的战后赈济工作。杭州被清军收复的消息一传到上海，胡雪岩就立即动身赶赴杭州，参加杭州战后繁忙的赈济工作。

中国古代有一句很流行的商人戒语，叫做"功自诚心，利从义来"。从胡雪岩的所作所为和成功来看，可以说这种说法绝非虚妄，他比那些只谈生意经的人更符合世道人心，也实在是高明许多。更为重要的是，胡雪岩给杭州捐米的举措，无论从主观上看，还是从客观来看，都有尽快安定杭州市面、振兴杭州市场的作用。

胡雪岩知道，杭州战后的当务之急就是振兴市面，而市面要振兴、要兴旺，关键在于人心安定。人心稳定了，才有生意可做。民以食为天，杭州战后粮食缺乏，只要粮食有保证，人心就容易安定。人心安定，市面平静，人们才能放心大胆地出来做生意。

作为一个商人，能为安定市面尽一些力，于公于私都有好处。所以，对于胡雪岩来说，献出一万石大米，"这是救地方，也是救自己"的大好事。

这就是胡雪岩不同于一般人做生意的眼光之所在，正因为有这样不同于一般人的眼光，胡雪岩总是十分热心公益。

比如，他定下的药店送药的规矩：他把典当行办成穷人的钱庄，他要求"档手"刘庆生，只要是能帮助朝廷平息战乱的事情都要做。胡雪岩就是要通过自己的努力，帮助维持局势的安定，保持市面的平静，以便于他从稳定的局势和市面中，利用自己的关系赚钱。

比如，胡雪岩在湖州的大经丝行开张不久，他就吩咐他的丝行"档手"黄仪，做了一件能够给人以实惠的好事，"做生意第一要市面平静，平静才会兴旺，我们做好事就是求市面平静。现在正是'秋老虎'肆虐的时节，施茶、施药都是很实惠的好事。"

黄仪知道胡雪岩的脾气，做事要求又快又好，至于钱上可花多花少不在乎，于是，当天就在大经丝行门前摆出了一座木架子，木架子上放了两口可装一担水的大茶缸，装在茶缸里的茶水还特意加上清火败毒的药料，茶缸旁边放上几个安了柄的竹筒当茶杯，路人可以随便饮用。

此外，丝行门上还贴了一张崭新的红笺广告，上写"本行敬送辟瘟丹、诸葛行军散，请内洽索取"。

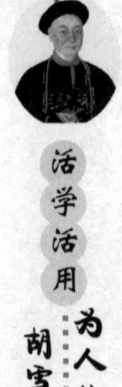

如此一来，大经丝行门前一下子就热闹起来，一上午就送出去两百多瓶诸葛行军散，一百多包辟瘟丹。负责丝行经营的黄仪深以为患，晚上专门来找胡雪岩商议，怕如此下来花费太多，难以为继，再者前来讨药的人太多，也恐影响丝行生意。

但胡雪岩却仍然坚持让黄仪照此办理不辍。他认为施茶送药是件实惠的好事，既已开头，就要坚持做下去，再说"丝已收得差不多了，生意不会受太大影响，前来讨药的人虽多，实际也花不了多少钱"。

在那以后，胡雪岩的丝行在收丝时节都要施茶送药，成为必有的节目，并且后来还扩大到药店。不仅如此，他还做了许多其他的好事，比如，他出资修建码头就是一大善举，当然他自己也从中获利颇丰。

胡雪岩所说的"做生意赚了钱要做好事"，显示出了他超出于一般人的见识和眼光。他做好事，无疑有借行善求名、以名得利的功利目的，他自己也说过："好事不会白做，我是要借此扬名。"

从做生意的角度来看，生意人有了钱，去做点助穷济困的好事，其实也是为自己更好地做生意创造条件。比如，因为自己的帮穷济困，使一部分陷入饥寒、落入困顿的人得到某种必要的救助，起码能起到一定的安定社会、平静市面的作用，为自己商务活动的正常开展，创造一个较好的外部环境。只要是商人，就都会明白施出去的回报是多少。

亚蒙·哈默是西方石油公司的创立者，在进入石油行业前，他做过很多生意，以积累资本。哈默独特的眼光，使他发现了许多别人不注意的市场机会，他的贸易点子被人称为"点石成金"。

他在创业过程中的第一次大成功，就是他与"十月革命"之后正处在国际经济封锁中的苏联进行的贸易。

1921年，年轻的哈默受父亲指派到莫斯科去取药款，并和当地人做生意。这在当时被认为是"最疯狂的行为"，是去"地狱"做生意。当时的苏联刚刚经历过"十月革命"等一系列的动荡，正处于内战时期；而且，外国的武装干涉、经济封锁、长期的战乱和灾荒，使刚刚诞生的苏维埃政权面临着崩溃。

哈默一踏上苏联的土地，就被眼前的情景震惊了。苏联全国各地都出现了粮食短缺，伤寒、霍乱流行，饿殍遍地的景象，乍一看这真是一片毫无生机的土地。但所有有眼光的人都会明白一个战后的国家需要什么，哈默一下就从这些表象当中，看到了苏联广阔的土地上所蕴藏着的巨大潜力，这里的矿区有着丰富的矿藏，毛皮、宝石等资源也很丰富。

这时的苏联，在哈默的眼里就像一个病人，虽然目前情况很糟，但有强有力的头脑，苏维埃的灵魂——列宁，而且又有丰富的资源，此时他们所需要的仅是一点点的帮助而已。于是，哈默决定帮助苏联和列宁渡过难关。

当时，美国国内粮食丰收，农场主都对一跌再跌的粮价痛心万分，他们宁可将粮食烧掉或扔进大海也不愿以低价出售。哈默将美、苏两国的现状结合起来，觉得让双方交换正是一举多得的妙计。

于是，哈默给列宁的办公室发了一封电报，将自己的意图告知了列宁，列宁对哈默此举当然十分支持，很快发来了回电："很感谢您，我将指示外贸部门确认这笔贸易。"

不久后，列宁亲自会见了哈默并送给了他一张用英文题词的照片："赠亚蒙·哈默同志，弗拉基米尔·列宁于1921年11月10日。"

就这样，一个商人得到了一个伟大政治家的友谊。哈默为苏联运去了100万吨的小麦，同时把裘皮和市场上多年不见的俄罗斯鱼子酱运往美国。对于苏联饥饿的人们来说，黄金也是没有用的，他们需要的只是粮食。

哈默的粮食缓解了苏联的饥荒，巩固了新生的苏维埃政权，哈默由此也成为苏联政商两界耀眼的人物。列宁为了表示对他的感谢，给了他贸易特许权，他是持有苏联人民银行存折的第一个外国人，也是在苏联承租企业的第一个美国人。

哈默也因这一次成功的商业救助而拥有了大量的赚钱机会。因为他在苏联的特殊地位，哈默先后成为30多家美国公司在苏联的总代理，哈默的事业因此得到了惊人的发展。我们可以想见，哈默因为那些粮食几乎可以在苏联呼风唤雨了。但我们却不能因为他赚钱就说他不好，毕竟他救了太多人的命。

精而不诈，观政经商两不误

俗话说："无商不奸，无政不精"，不论经商还是参政都不是思想简单的人能做的事情。胡雪岩的过人之处在于他精明而不奸诈，灵活却不失仁者道义。

通常情况下，做生意都讲究看准大势然后乘势而行。可胡雪岩灵活变通商政之道却认为：顺势进招，乃做小生意之举，做大生意就要设法帮朝廷把不利的局势扭转过来。这样，既帮了朝廷，自己也可大赚一把。

胡雪岩说："我是看到天下！'长毛'不成大事，一定要败。不过这还不是三年两年的事，仗有得好打，我做生意的宗旨，就是要帮官军打胜仗。只要是能帮官军打胜仗的生意，我都做，哪怕亏本也做。要晓得这不是亏本，只要官军打了胜仗，时世一太平，什么生意不好做？到那时候，你是出过力的，公家自会报答你，做生意处处方便。你想想看，这还有不发达的？"这里他的思想就是顺势又有道义，做事也是激情澎湃的。

一个大的实业家做大生意一定要敢于开拓进取，大胆向前，要敢于进行风险投资。在这方面，胡雪岩的"胆"可说是大得惊人。第一桩"销洋庄"的生丝生意做成之后，在筹划投资典当业和药店的同时，胡雪岩马上就想到另一项能赚大钱的新行当——他准备利用漕帮的人力、漕帮在水路上的势力以及他们现成的船只，承揽公私货运，同时以松江漕帮在上海的通裕米行为基础，大规模贩运粮食。

胡雪岩为什么如此急着搞粮食贩运呢？因为他仔细分析了战事和时局，发现时逢乱世，田地荒了，产量少了，米价自然上扬，再加上交通不便，有米的地方也不见得都能运出去，这样浪费就很可惜。这还不算，最可惜的是糟蹋了。有些人家积存了好多粮食，但打起仗来，烧得精光，或者秋收到了，战事迫近，有稻无人割。

当他把自己的这番想法说给合作伙伴听之后，大家都认为很有道理。尤五听后瞿然起身，说"前面两个原因，我懂，后面说的这一层道理，我还是第一次听到。我要请教小爷叔，怎么样才能不糟蹋？"

"这就要看局势了。眼要明，手要快，看啥地方快靠不住了，我们多调船过去，把存粮抢运出去。能割的稻子，也要抢着割下来。"胡雪岩又说："这当然要官府帮忙，或者派兵保护，或者关卡上格外通融。只要说好了，五哥，你们将来人和、地利都具备，是独门生意。"尤五和古应春都没作声，两个人将胡雪岩的话，细细品味了好一会儿，都觉得这的确是一项别人抢不去的好生意，但做起来却不容易。关键得有官场的支持，这就要求经商之人懂政局，更要懂得和官场的人打交道。

对两人的担心胡雪岩心知肚明，他相信只要自己努力应该可以成事。所以他充满自信地和他们说："官府一定肯帮忙！只看怎样说法。其中还有个道理：打仗需要两件事，就是有兵有粮，这是基本保障，只有足食足兵才可能打胜仗。粮食就这么多，双方又是在一块地方，我们多出一分粮食，长毛就少一分粮食，一进一出，关系不轻。所以，我去一说这层道理，上头肯定会赞成。"

说到这里，胡雪岩站起身来，很用劲地挥着手说："做小生意迁就局势，做大生意就要先帮公家把局势扭过来。大局好转，我们的生意自然就有办法。你们等着，看我到了杭州，重起炉灶，另有一番轰轰烈烈的事业。"

原来，胡雪岩不仅看到了上海的地理优势和大局变化将有利于开展粮食贩运，更看到了这一行可以"帮公家把局势扭过来"。换句话说，胡雪岩要利用"地利"和"天时"，为自己打开水路货运和粮食买卖这两片前景广阔的天地。

上海之所以能够成为中国近代最大的贸易口岸，就是以海运、河运的大力发展为龙头的。当年中国商办公司与洋商之间第一次最大规模

的"斗法",就发生在中国"官督商办"的轮船招商局和英国怡和、太吉轮船公司、美国旗昌轮船公司之间,"斗法"的焦点即是争夺水运利润。仅从这一点,我们就可以想见投资水路货运在当时的巨大前景。

撇开这一点不说,胡雪岩要投资大规模粮食贩运,本身也是一桩有大利可图的生意。这桩生意有利可图,是因为此时已经具备了三个有利成功的条件,而又都与时势大局有关,因此胡雪岩的一向主张在这时发生了作用,"只要有利官军打胜,即使赔钱也要干",再加上这桩生意已经注定了稳赚不赔,还能获得好名声,胡雪岩不可能放过这样的发展机会。

通常情况下,在兵荒马乱的年月,一般商人大约更多地想到收缩和自保,而胡雪岩却始终想到发展,并且总能在乱世夹缝中为自己开出一条财路。越是困难的时候越要学习小草的精神,即使生在岩石的夹缝之中也能坚强的生存。

这"夹缝"也许是时局的混乱,也许是自身的清贫。中国有句俗话,叫做"巧妇难为无米之炊",对于生意人而言,没钱是最要命的事情。作为一名经营者,无论有多么强的经营能力,但如果没有钱供他运用、支配,那么,所有一切都是虚无缥缈的空中楼阁。

商场上,事事都需要资金,需要本钱。没有资金,可说是寸步难行,纵然有天大的本事,再好的机会,都只能是一句空话。

然而,胡雪岩却有自己的打算。他深信,信誉也是本钱,完全可以借此成事。阜康通过数年的发展,在很多行业都已经有了关系牢固的生意伙伴,比如,生丝生意、药店生意等,但在典当业,却一直未及深入。

这时,胡雪岩则看中了苏州潘叔雅等一班富家公子。之所以看中苏州这班富家公子,也是希望借助他们的资金开办自己的事业。

当时,胡雪岩刚刚结识苏州潘叔雅、吴季重和陆芝香这帮富家公子不久,且正是太平军大举进攻苏、浙之时,苏州地面极不平静。一方面官军打仗,保民不足却骚扰有余,另一方面太平军也是步步逼近,因此这帮富家公子都有心避难到上海。

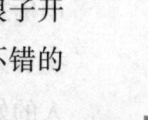

但这些富家公子在苏州的房屋、田产却自然是不能带到上海去的，而且他们手里都有大量的现银，估计约有二十多万两。他们知道胡雪岩是钱庄老板，因而都想借胡雪岩的钱庄，把这些现银带到上海去用。

胡雪岩当场就为这些阔少将这二十多万两现银如何使用做了筹划。之所以要如此费心地为这帮富家公子筹划，是因为胡雪岩"发觉自己又遇到一个绝好的机会"。

本来依他平日的观察，这帮全不知稼穑艰难的阔少，往往既不切实际又不辨好歹，和他们打交道，常常会吃力不讨好，实在是犯不着。不过，转念又一想，如果这些阔少能够不要太急功近利，听取自己的建议放远了看的话，那对自己的生意实在也是一大帮助，有了这二十多万两可以长期动用的资金，自己什么事情都可以干！

于是，他建议将这些现银存入钱庄，一半做长期存款，以求生息；另一半做活期存款，用来经商。存款的钱庄以及生意的筹划，都由胡雪岩一力承当，总的原则是动息不动本，以达到细水长流的目的。这无形中也等于是给自己又吸纳了一笔可以长期动用的资金。

后来，胡雪岩利用这帮富家公子交给自己"用"的二十多万银子开办了典当行。按当时的情况，有两万做本，就可以开出一家规模不错的当铺，有这二十多万两，胡雪岩很快轻松地开了二十多家当铺。

立志要在商场争雄的人，首先必须学会为自己筹措资金。当然，为自己筹措资金的方式可以多种多样，而最稳妥的方式，大约也就是有多少资金，做多大的生意，然后再凭着自己一步步的经营，从少到多慢慢积累。

不过，即便愿意自己慢慢积累资金而不同意胡雪岩所采用方式的人，大约也不能不佩服胡雪岩"钱眼里翻跟头"的高明。客观地说，像胡雪岩这样能够凭借他人资金开创自己事业的筹措资金的方式，确实是棋高一着。

胡雪岩坚信，商业经营中钱是能生钱的。也就是说，有了一定数量的钱，再加上合理有效地运用和调配，就能获取更多的钱。如何合理地运用、调配已有的金钱，这是对一个商人的才干和智慧的综合考验。

活学活用 胡雪岩 为人处世 的智慧

中国传统商人虽然有志向和能力，但必须知道，完全靠自己一文钱一文钱地积累，要想发家无疑是漫长甚至渺茫的。因此，跳过最初资金积累阶段，直接由借贷经营入手，便成为像胡雪岩这样的经营高手的成功捷径。

胡雪岩曾说，他自己是一个善于在"钱眼里翻跟斗"的人。在事业的初创阶段，他其实是身无分文的，但就是因为他知道如何在"钱眼里翻跟斗"，所以从开办阜康钱庄，到胡庆余堂，再到胡记典当行的每一项事业，可以说都是一项接着一项地"翻"出来的。

胡雪岩要开办药店，一开口就是"初步我想凑十万两银子的本钱"。这个"牛皮"可是吹得有点大了，因为当时他根本就不知道这十万两银子在什么地方，甚至是一点着落都没有。虽然有朋友资助想要入股，但毕竟能力有限，不足以撑起大的局面遥兵荒马乱之年衰不动产又根本就变不出现钱。困难摆在面前，不过，这不可能难倒善于"翻跟斗"的胡雪岩，他脑子一转，立马便找到了为药店筹集资本的两个步骤：

第一步，向杭州城里那些官儿们筹集资金。他们中不少为官不廉、中饱私囊，早就已经富得流油。胡雪岩准备回到杭州后首先攻下杭州巡抚黄宗汉。战乱年代，开药店本来就是极稳妥的赚钱生意，又有济世救人的好名声，说不定黄宗汉愿意从自己鼓鼓囊囊的钱包里，拿出一笔钱来投作股东。

第一步如果成功，第二步也就好办了。胡雪岩接下来的一步是要让官府出钱给他开药店。药店可以弄几张能够一服见效、与众不同的好方子，譬如刀伤药、辟瘟丹之类，真材实料修合起来，然后禀告各路粮台，让他们来定购，领下定购药品的款子，正好可以用来发展药店生意，这一步一走通，药店就可以滚雪球般地发展起来了。这件事情他是这样想的，也是这样做的，而最终结果也基本还原了他的初衷。

所以，要想成为一名成功的经营者，就要做到精明但不狡诈，智慧但不失道义，能合理地分配自己的精力，多管齐下，相互辅助以成大业。

有德则立，人以信立

一个圈子有一个圈子的游戏规则，永远不要试图打乱既定的规矩，正所谓国有国法，家有家规。一个无礼的人是对别人的冒犯，往往等于是给自己树起了敌人，当你破坏掉共有规则时，就会在这个圈子失去行动的自由。西方有谚语曰：没有什么比自找的痛苦更让人痛苦的了。

讲究"贾道"，这是胡雪岩成功的根本，他曾一再强调："做生意一定要按照规矩来。"表面看来，他总是把自己的生意做得风光热闹，甚至有些天马行空。但仔细琢磨，几乎他的每一桩生意的具体运作过程，都大体遵守了应当遵守的商业规则，因此，他在同行中间有极好的口碑。而能做到这一点完全是胡雪岩对人性有着深切的洞悉，他当初拿了钱庄的钱给王有龄，说到最后，人们可以认为他是为了一个"义"字，可在当时因为不被人理解，还因找不到工作而不得不跑到妓院去当差呢。这可以说是给了胡雪岩一个人生的警示，那就是永远也不要破坏掉一个行业的规矩。从那以后，胡雪岩的心中就对规则有了明确的概念。

比如，军官罗尚德在上战场之前，将自己的银子存入胡雪岩的阜康钱庄，一方面是相信阜康的信用，另一方面他马上就要去打仗，生死未卜，不知道还能不能活着回来，因此坚决不要存折，但胡雪岩一定要出具存折，哪怕这个存折并不具备什么实际意义，但开具存折的手续也不能省略，因为客户存入款项，钱庄必须开具存折，这是照规矩来。

再比如，他与古应春、尤五、郁四等人合作做蚕丝"销洋庄"赚了十八万多两银子，但这赚头只不过是账面上的"虚好看"，生意过程之中的各项费用除开，加上必要的各处打点，与尤五、古应春等生意合伙

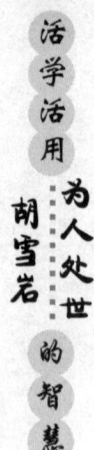

人分过红利之后，这笔赚头不仅分文不剩，甚至还有一万多两银子的"宕账"。

虽然既是合作伙伴又是朋友的古应春自己主动提出不要这份红利，但是胡雪岩宁可自己分文不剩，也依旧该分的照分。因为既是合作伙伴，红利就必须均沾，这就是规矩。

就像盗亦有道一样，作为以赢利为目的的商人，胡雪岩决不和太平军做生意，这是他确定的一条决不逾越的大原则。他的钱庄从不向太平军放款，甚至不向与太平军有联系的商人放款。他也不在太平军据守的地区做其他生意，比如，粮食、军火都决不运往被太平军占领的地方。

太平军攻下杭州之后，也曾邀他回杭州帮助"善后"，他的生意根基在杭州，而且当时他的老母妻女也都陷在杭州，以一般生意人的眼光，既可照顾自己的生意，又可保护老母妻女，何乐而不为？商人只求利，管他谁是皇帝老子。但胡雪岩仍然坚持不去，因为无论如何，当时天下仍然是大清的天下，与太平军做生意就是违犯朝廷王法。

通融方便可以，但违犯王法不可以，这在他来说更是照规矩来。也许他的这些做法在当时会被某些人不理解，但是现代一些成功商人在其经营理念中，不约而同地一致将遵守行业规矩放到了很重要的位置，这就是对胡雪岩做法的最大肯定。

做生意确实要按照规矩来，商业运作有其自身的规则，参与商业活动的人也必须遵守。比如，必要的手续，无论繁简，该办的就一定要办；签订合同，无论难易，当履行的就一定要履行；生意中如果涉及政府的法规法令，那就无论如何一定要遵守，按照规矩进行商业活动是保证其正常运行的基础。胡雪岩早年吃过一亏，却长了一大智。

从生意人本身的角度来说，照规矩做生意还有两个重要的作用：

第一是求得安全。

比如，犯法的生意不做，做了就是破坏规矩，非常容易给自己带来灾祸。再比如，关系再好的合伙人，与生意相关的文件该签的就一定要签，要按照规矩去定去签。因为只有按照规矩签订的具有法律效力的合同，才可以有效地约束合作者双方，才能有效地保护各自的利益。生意场上是不能用感情代替规矩的。

第二是建立信誉。

一个经营者良好信誉的建立，与经营者能够坚持按照规矩办事有着极为密切的关系。我们常说，经营者的信誉是靠着货真价实的公平交易、童叟无欺的老实诚信、实实在在的依约而行建立起来的。说到底这些能够帮助建立信誉的举措，实际上就是照着规矩办。只有规规矩矩按照大家都知道的，也是大家都应该遵守的规矩办事，才能使人信服，也才能建立起信誉。没有人会相信做事不按章法、不依规矩的人。

胡雪岩经常说："做人无非是讲个信义。"其实做生意与做人在本质上应该是一致的，一个真正成功的商人，往往也应该是个信义之士。胡雪岩的这一说法与阿拉伯商人所奉行的信条不谋而合，这也是阿拉伯商人奉行的最重要信条。他们认为，"诚实"是对行规的守护，欺骗不仅违反道德传统，而且必将有损于商业利益，阿拉伯商人非常重视自身的修养和人格的完善。

20世纪20年代，在吉达港，阿里雷扎家族的阿卜杜勒和尤苏夫以及他们雇佣的印度职员是仅有的几位懂英语的商人，其他商人收到英文电报都要拿到"阿里雷扎公司"，请几位印度职员翻译。阿卜杜勒和尤苏夫从来不去窥探这些商情电报，他们反而还命令手下的职员必须为来求助的商人忠实服务，绝对不准泄密。

诚实是伊斯兰教信仰的基石。事实上人们都是爱和一些有宗教信仰的人来做生意，因为有信仰就会有所畏惧，信仰的底线就是他们牢不可破的规矩。

对于阿拉伯商人来说，所谓诚实和信誉就是货真价实，就是提供优质的商品和优良的服务。阿里雷扎家族的希卡赫·穆罕默德成功的秘诀就是："信誉并不是源于你的货比别人便宜一美分，而在于消费者最终发现你的货色质量优于其他的竞争对手。"

托威尔公司的总裁苏尔坦每天早晨都要巡视公司总部，指导年轻人工作。他认为，一个年轻人一踏进商界，就必须时刻保持一种诚实的心态和姿态。他反复训导："诚实的品格将建立起别人对你的信任，并

会使人在任何时候都会伸手帮你，银行对你的态度也主要取决于你的信誉。"

柳传志曾这样总结道，"小企业做事，大企业做人"。因为小的公司，其首要问题是生存与发展的问题。一个单子能否拿下来，对于公司而言是比较重要的，而大公司不存在眼前的生存问题，主要是着眼于未来的发展。所以公司拥有的人才数量和质量将决定其能否长久地生存和壮大下去。

"企业始于人，企业也止于人。"松下幸之助也曾经说过，"松下先塑人，后生产电器。"而盛田昭夫说得更加直接明了："使企业得到成功的，既不是什么理论，更不是什么计划，而是人！"凡是知名的大企业无不是把"做人"放在企业的第一位。

可见，无论过去还是现在，各行各业都有自己的经营理念和原则，而正是因为有这些企业文化，才让一些企业在强手如林的竞争市场上立稳做强。

中国经济早已经和世界接轨，这就要求我们要遵守同一游戏规则。现在为什么一些新锐企业家能做得好，就是他们知道如何守住一种行业规则，一种规则不仅仅是一种限制，最重要的也是一种对自己的保护。

吐哺归心，助人如助己

洞明世事之人一定是"遇故旧之交，意气要愈新；处隐微之事，心迹宜愈显；待衰朽之人，恩礼当愈隆"。这是一句很容易理解的话，但是如果想要照做则非常的不容易。见到多年的老友情义要真诚，可多年之后相见的情形却是谁也无法预料的，富裕了的一方要想保持这种待人的情怀是很不容易的，即使还有当年的情义，穷困的一方也不见得会相信。这就要求富者要真心帮老友，使老友真正的受益，让他明白自己的真心，要珍视他的忠诚，这等于无形当中为自己找了个卖命的人。所以说，没有任何一种施舍是浪费。

西谚有云："爱人者，人恒爱之。"而中国有"投我以木桃，报以之琼瑶"的词句。这就有点因果报应的意思在里面了。禅的教义里更强调"怕因不怕果"的"现世报"，它告诫世人要相信现实的因果，正如"种瓜得瓜，种豆得豆"的道理一样，人也应该学会播种"善因"。所以，我们在这里把佛家关于人格修炼智慧的第四个法则，概括为"敬畏因果"。

作为一个商人，胡雪岩对于"人情投资，因果报应"有着很深刻的理解。无论是在发迹前还是在发迹后，他都会竭力帮助那些胸怀大志却暂时怀才不遇的人，在帮助这些人的同时也使自己获益匪浅。

周少棠和胡雪岩是贫贱之交，二人从儿时起就经常一起玩耍。此人精明干练不在胡雪岩之下，但因时运不济，一直没有显露头角，只能靠做小生意来养家糊口。

一次，周少棠不慎上了别人的"套"，生意亏了本，不但生意做不

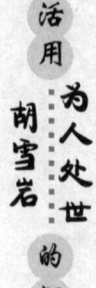

成，就连一家大小的生计都成了问题，这时他身边的人都劝他去找自己的儿时密友、现已飞黄腾达的胡雪岩。可是周少棠是个很有骨气的人，不希望低头去求别人，即使是自己的密友也不可以；再则他和胡雪岩已经有好长时间没有见面，所谓"此一时，彼一时"，现今的胡雪岩已非当年贫困时的那个人了，万一去碰个钉子那多没面子啊。

后来，胡雪岩从其他朋友那里得知周少棠的处境，由于两人从小一起长大，胡雪岩对他非常了解，知道他是一个很有抱负，也很要面子的人，而且非常精明强干。

其实，胡雪岩很早就想扶他一把，但都怕伤了他的自尊心，因而一直没有为他做什么。帮助别人的最高境界是不要让人家感到是被救济。这次得知周少棠近况不佳后，胡雪岩立刻把他请来一起喝酒。二人边喝边聊，说起了儿时的趣事，同时，胡雪岩旁敲侧击向周少棠表明了自己的心迹，让他知道自己并未因发达而忘却前事，使周少棠觉着胡雪岩还是以前那个重情重义的好朋友。

三天后，周少棠接到一张任书，让他出任"粮书"一职。这"粮书"其实是藩司衙门中包办上下钱粮的书办，所谓"钱粮"指的就是田赋，为政府的主要税收，在当时那种内忧外患的情况下，钱粮开征制度更是弊端百出，即使是最能干的大臣亦无法彻底整顿，所以称之为"粮糊涂"。但是这些"粮糊涂"却另有一本记得极清楚的底账，这本底账便是一股极大的财源。"粮书"的职务是世袭的，父死子承，但也可以顶名转让，周少棠接到的委任状就是胡雪岩花了6万多两银子买下来的。

自此，周少棠坐上了"粮书"的位置，专管钱粮，他只有在上下忙着开征钱粮的时候，才到藩司衙门帮忙，平时则在杭州城里专事交结，为胡雪岩处理一些社交场合上的事，使胡雪岩有更多的时间去处理其他的事情。

人的一生，宛如一幅幅绚丽多彩的画卷，有时平淡无奇，有时波澜壮阔。在这漫长的旅途中，我们常常会发现一些奇妙的怪圈，它们仿佛是天意安排，又似乎是因果循环的体现。其中，"善有善报，恶有恶报"便是这些怪圈中最为人所津津乐道的一种。

胡雪岩，这位清代著名的红顶商人，他的生平事迹充满了传奇色彩。他的一生都在乐善好施，帮助过无数身处困境中的人。其中，他对周少棠的援助，便是他善行中的一个缩影，彰显了他独特的人格魅力和高尚的道德品质。

当年，周少棠因种种原因陷入困境，生活几乎走到了绝境。面对这样的困境，他倍感无助，甚至一度失去了对生活的信心。然而，胡雪岩得知后，却毫不犹豫地伸出了援手。他不仅用自己的财富和资源帮周少棠解决了眼前的困境，还鼓励他重新振作起来。在胡雪岩的帮助下，周少棠逐渐走出了低谷，开始了新的人生旅程。

多年后，胡雪岩的事业遭遇了重大危机。他在上海的钱庄因受到李鸿章派系人马的打压而倒闭，这一事件很快波及到了杭州。当时，胡雪岩正在回杭州的路上，听闻消息后心急如焚。他知道，这次危机对他的事业和声誉都将是一次严峻的考验。

然而，就在这个关键时刻，周少棠站了出来。他挺身而出，站在了阜康钱庄门前的人群中。他舌战群儒，尤其是与带头闹事的王二麻子展开了一场激烈的辩论。周少棠以理服人，用他的话语平息了众人的怒火，打消了大家心中的疑虑。他的智慧和勇气不仅让众人信服，也让胡雪岩深感欣慰。

最终，在周少棠的帮助下，阜康钱庄成功地度过了这次危机。胡雪岩的生意也因此得以保全，他再次展现出了自己的商业才华和领导能力。

从这个事例中，我们可以看出胡雪岩对援助他人的基本态度和做法。他始终认为，一个人即使暂时处于逆境之中，但只要他有着积极上进的精神和态度，那么他就是一个值得援助的人。胡雪岩的这种善行和智慧，不仅帮助他度过了人生的种种难关，也让他在商界赢得了极高的声誉和地位。

同时，这个事例也深刻地诠释了"善有善报"的道理。胡雪岩当年对周少棠的援助，虽然看似微不足道，但却在关键时刻为他带来了意想不到的回报。这种因果循环的怪圈，既是对胡雪岩善行的肯定，也是

对他人生智慧的赞美。

回顾胡雪岩的一生,我们不难发现,他的成功并非偶然。正是他那种乐善好施、助人为乐的精神,以及他对待人生和事业的智慧和勇气,才使得他在商海中乘风破浪,最终成就了一番伟业。

胡雪岩的故事告诉我们,善行和智慧是成就人生的两个重要支柱。我们应该向胡雪岩学习,将善行和智慧融入到我们的生活中。无论我们身处何种境地,都应该保持一颗善良的心,积极帮助那些需要帮助的人。同时,我们也要学会用智慧去应对生活中的各种挑战和困难,相信只要我们坚持不懈地努力下去,就一定能够创造出属于自己的精彩人生。

此外,胡雪岩的成功也给我们提供了宝贵的启示。他不仅在商业上取得了巨大的成就,更在人格上赢得了人们的尊敬和赞誉。他的故事告诉我们,成功并不仅仅意味着财富的积累,更在于我们如何对待他人、如何面对生活的挑战以及如何运用智慧去解决问题。

在当今社会,我们面临着各种复杂的挑战和困境。但是,只要我们保持一颗善良的心,用智慧去应对生活中的各种挑战,我们就一定能够克服困难,实现自己的人生价值。因此,让我们向胡雪岩学习,将善行和智慧融入到我们的生活中,创造出一个更加美好的未来。

做人
——方圆兼备 刚柔并济

　　做人处世要善识时务大局，做到遇方则方，遇圆则圆，方圆兼济，集百家之长于一身。在中国历史上，能把亦方亦圆用到极致的首推方圆大师胡雪岩。纵观胡雪岩的一生，能在乱世之中，方圆皆用，刚柔皆施。懂得何时用"善"，何时用"狠"，何时大赚一把，何时财不乱取，可以概括为"圆而通神"。

亦方亦圆，刚柔皆施

兵无常势，文无定法。做人处世要善识时务大局，做到能方则方，遇圆则圆，方圆兼济，集百家之长于一身。这就需要人在关键时刻善变通达，能因人、因势、因时而变，学尽中庸之精髓。

在中国历史上，能把亦方亦圆用到极致的首推方圆大师胡雪岩。

所谓的圆就是圆通、圆活、圆融、圆满，围绕着这一个"圆"字，做足了通、活、融、满，一个喜气洋洋的大善人型富商大贾的形象便活灵活现了。

不管是对抢了他军火生意的龚氏父子，还是对刁钻霸道的苏州永兴盛钱庄，乃至已经实际损害了自己利益的代办朱福年，胡雪岩对他们的回击都很干脆。但有一条原则总是恪守不渝，那就是：总要给对方留个台阶，留个后路。

胡雪岩原本就不是读书出身的，因而像孟郊那样"万俗皆走圆，一生犹学方"的心态志向，胡雪岩是绝对不会有，不能有，也不敢有的。作为学徒出身的他，假如还有这种闲适高逸的志向，十之八九是要先大吃几年苦头了。

他唯一能行得通的，便是那万俗皆走的一个"圆"字。大家怎么说，我就怎么说；大家怎么做，我就怎么做。体察了人心的喜怒哀乐，顺遂了人们的爱憎善恶。做到了这两点，人心无不可得，万事无不可遂。

胡雪岩圆而神的处世哲学，让他在复杂的社会及商务活动中左右逢源。因此，胡雪岩的飞黄腾达便不难理解了。都道是方正之士为人称羡，其实世俗人早有了计较。方正之士的品德风范固然令人肃然起敬，只是他们犹如那庙里的神仙圣人，世俗中人自然是万分恭敬，但在敬的行为之后，便是"远之"。

这里边自有许多道理，非"俗"与"雅"两个字的判别能交代清楚。不过，方正便会不通，这倒是千真万确的。

拿那个嵇鹤龄来说，本是一个能言善道、足智多谋的人才，却落得了"恃才傲物"，他方正不屈，不肯哭穷，不谈钱，说起来也的确是一个既有本事又有骨气的人。好在遇到了胡雪岩，经不住胡雪岩的上门吊丧、收还典当、安排妻室这一连串抚慰。他心有所感，知恩图报，帮助王有龄出面解了地方农民聚众闹事之围。

胡雪岩的圆而通神，还表现在他有审时度势的独到眼光，深悟世道的权变之理，善于在乱世之中"变"。这些集中体现在当洋人凭船坚炮利让中国人吃尽了苦头的时候。

胡雪岩觉得，很多时候，和中国自己的商人打交道很吃力，和洋人打交道，就很省劲儿。洋人的整个体制，已经大大减少了商人从事商业活动的成本。这样倒过来看，胡雪岩的成功就更显不易。中国的商人，办成同样的一件事，付出的心血要更多。

胡雪岩这些过人的素质，使他成为一个传统文化意义上的哲商，并在经商的过程中不断感悟，不断升华，他的智慧和商业活动也就不断通向一个炉火纯青的境界。

一个人要想成大事，必先学会亦方亦圆的处世方法，以下几点值得借鉴：

其一，以平常心对待，不卑不亢。

在人际交往中要维护自己的尊严，也要顾全对方的尊严。自卑与自大是两个极端，有人比喻说："自卑感与自大狂，乃一手的两面，好似刀片，两边都有伤人的锋刃。"这个锋刃不仅伤人，还能伤自身。在与人相处的过程中最忌讳的是自作聪明，自以为是，好为人师。以平常心待人，不卑不亢，这是成大事之人交际中的规矩，离开这一点是谈不到方圆的。

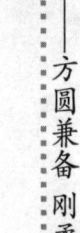

其二，求大同存小异。

要想达到在交际场合外圆内方的境界，成就大事，就必须坚持"求同存异"的原则。每个人都有自己的生活经历、习惯、性格特征等，在交往中难免会有些摩擦，这就要求我们应该尽量寻找共同话题。但与人相处时也要坚持自己的原则，不要失去自我。

其三，方圆有术，纵横捭阖。

交际需要交谈，以传其情，达其意，起沟通、交流之效，从而协调、融洽与交际圈的关系。

在人际交往中要想成功，要想成为成大事的人，就必须遵循以上原则，这是胡雪岩的经验之术。

投其所好，曲意赞美

胡雪岩可谓是个绝顶的交际高手，无论对人对事，都深谙言语攻心之道。胡雪岩可以通过观察一个人的喜好，马上说出让此人感到舒服的话，且从不吝啬赞美之辞。这使胡雪岩在与交往时，更是游刃有余。

的确，每个人都喜欢听赞美之辞，这大概是由于人内心深处的弱点所致吧。人活在世界上，既需要同情、关心和尊重，亦需要虚荣心的满足，而一句简单的赞美之辞，便可以让人在多方面得到满足，何乐而不为呢？

胡雪岩结交"湖南骡子"左宗棠就是一个很好的例子。

刚刚占领杭州后的一天，左宗棠坐在大帐内想心事：杭州连年战争，饿死百姓无数，无人耕作，许多地方更是"白骨露于野，千里无鸡鸣。"自己带数万人马与太平军征战，眼看几万人马的吃饭就成了大问题。

正在发愁之时，手下人来报，浙江大贾胡雪岩求见。左宗棠乃传统的官僚，脑子里装的是"无商不奸"的思想，而且他又风闻胡雪岩在王有龄危困之时，居然假冒去上海买粮之名，侵吞巨额公款而逃。心想此等无耻的奸商，本不欲见他，无奈碍于蒋溢澧的面子，才懒洋洋地宣胡雪岩进见。

胡雪岩一进去，就察觉到了气氛不对，随即告诫自己一定要小心谨慎，然后振作精神，撩起衣襟，跪地向左宗棠说道："浙江候补道胡雪岩参见大人！"左宗棠也不答话，那双眼睛开始转动，射出凉飕飕的光芒，将胡雪岩从头到脚仔细打量一遍。胡雪岩头戴四品文官翎子，中等身材，双目炯炯有神，脸颊丰满滋润，一副大绅士派头。

端详之后，左宗棠面无表情地说道："胡老板，我闻名已久了。"

这句话听起来特别刺耳，谁都懂得其中的讽刺意味。

胡雪岩以商人特有的耐性，压住心中的不满，他觉得自己面前只不过是一个极为挑剔的顾客，而挑剔的顾客才是真正的买主。胡雪岩没有直接回答左宗棠，而是说道："大人建了盖世之功，特为前来道喜！"

"喔，你倒是有先见之明！怪不得王中丞在世之日，称你为能员。"话中带刺儿，胡雪岩自然听得出来，一时也不必细辩，眼前第一件事，是要能坐下来。左宗棠不会不懂官场规矩，文官见督抚，品级再低，也得有个座位，此刻他故意不说"请坐"，是有意给人难堪，胡雪岩先得想个办法应付。念头转到，办法也就有了，撩起衣襟，又请了一个安，回道："不光是为大人道喜，还要给大人道谢。两浙生灵倒悬，多亏大人解救。"

胡雪岩一边恭维，一边注视着左宗棠，他见左宗棠脸上露出一丝不易觉察的微笑。捕捉到这一信息，胡雪岩又急忙施礼。

这一次左宗棠虽然仍旧矜持地坐在椅子上，但先前阴沉的双脸绽开了笑容，也许是面子上过不去，他装着恍然大悟的样子，吩咐手下说："哎呀，怎么不给胡大人看座！"胡雪岩总算在左宗棠右侧的椅子上坐了下来，摆脱了尴尬的窘境。

胡雪岩坐定之后，左宗棠直截了当问起当年杭州购粮之事，脸上现出肃杀之气。胡雪岩这才如梦初醒，赶紧把事情从头到尾讲了个清清楚楚，说到王有龄以身殉国，自己又无力相救之处，不禁失声痛哭起来。

左宗棠这才明白自己误听了谣言，险些杀了忠义之士，不禁羞愧不已，反倒软语相劝胡雪岩道："胡老弟，人死不能复生，王大人为国而死，比我等苟且而活要值得多。"

胡雪岩见左宗棠态度已有松动，急忙摸出两万两藩库银票，说明这银票是当年购粮的余款，现在把它归还国家。他解释说，这笔款本应属于国家，现在他想请求左帅为王有龄报仇雪恨，并申奏朝廷惩罚见死不救又弃城逃跑的薛焕。这符合常情的恳求，左宗棠自然爽快答应，并叫主管财政的军官收下了这笔巨款。

两万两银票对于每月军费开支十余万两的左军来说虽属杯水车薪，

但毕竟可解燃眉之急。胡雪岩清楚地知道左宗棠此刻最缺的是什么,所以不失时机地掏出银子,为自己争得了左宗棠的好感。

收下胡雪岩的银票后,胡雪岩对王有龄的忠心使左宗棠非常佩服,立即叫人上茶,和胡雪岩闲聊。胡雪岩大赞左帅治军有方,孤军作战,劳苦功高。胡雪岩说话极有分寸,当夸则夸,要言不繁,让人听起来既不觉得言过其实,又没有谄媚讨好的嫌疑。左宗棠听得眉飞色舞,满脸堆笑。

胡雪岩见左宗棠已被自己的话吸引,便心想,如果能拉他做靠山,往后的生意更会如日中天。于是,胡雪岩抛砖引玉,话锋一转,指责曾国藩只顾替自己打算,抢夺地盘,卑鄙无义,并气愤地谴责李鸿章不去乘胜追击占领唾手可得的常州,而把立功的肥缺让给曾国藩的弟弟曾国荃做人情。胡雪岩有根有据的指斥引起了左宗棠的共鸣,左宗棠在心中对胡雪岩更有好感了。

胡雪岩初见左宗棠时,左宗棠对胡甚有恶感,言语之间颇不客气。胡雪岩几句称赞左宗棠平定太平军的丰功伟绩,听得左宗棠心里甚为受用。在接下来的谈话中,胡雪岩紧紧抓住左宗棠的特点巧妙地吹捧。所以当胡雪岩后来将一万石米献出,左宗棠更是高兴地称赞胡雪岩筹粮为国"功德无量",胡雪岩诚心说道:"大人栽培,光墉自然感激不尽,不过,有句不识抬举的话,好比骨鲠在喉,吐出来请大人不要动气"。我报效这批米,绝不是为朝廷褒奖。光墉是生意人,只会做事,不会做官。"

好一句"只会做事,不会做官",真是说到左宗棠的心坎儿上了。左宗棠出自世家,以战功谋略闻名,平素不喜与那些巧言簧舌、见风使舵之人为伍,对那些人向来鄙夷不屑,此时胡雪岩一句"只会做事,不会做官"当真使左宗棠感觉遇到了知己,对胡雪岩顿时更觉亲近,赞赏之意袁溢于言表。

胡雪岩在任何时候、任何情况下,都能投其所好,既啬不吝赞美之辞,又实事求是,总是能说出左宗棠最爱听、最想听的却无一丝谄媚做作的恭维话,最终成功获得了左宗棠的青睐。

做人——方圆兼备 刚柔并济

商场谋近利，做人求远交

战国末期，秦国凭借"远交近攻"的战略，逐渐吞并了大小诸侯国，统一了全国。商场中，这一战略依然适用，不妨略作改动，称之为"近取利，远交友"。

生意场上有了朋友，自会如虎添翼，生意场上没有朋友，绝对寸步难行。

正如胡雪岩所说，做生意第一要齐心，第二要人缘。

齐心，是对自己商号内部而言，商号内部上上下下的帮手、伙计都能一条心，都能怀着共同的意志和愿望，为了一个共同的目标而努力，也就是把每一个人的未来连在一起，大家齐心努力，使商号兴旺发达。

人缘，则是就商号内部与外部的关系而言的。商务经营总要有良好的外部环境，需要有同行同业的相互配合和鼎力支持。在同行同业中树立起良好的自我形象，与同行同业结成良好的生意伙伴关系，也即有一个好人缘，生意兴旺发达才会有很好的外围条件。

齐心与人缘，是成大事的两个十分重要的方面，也是一个有大成就的人经营关系网的重点所在。不用说，能不能使自己的手下上下一心、有没有好人缘，也是显示一个人是不是真能成大事的本事所在。胡雪岩一生的成功，与他的好人缘有着极为重要的关系。

从内部看，胡雪岩有一些可以生死相托的才智之士鼎力相助。

古应春，一口流利的洋文，加上每日在洋人和国人之间打交道，对洋人的脾性、趣味、习惯、做生意的方式，都了然于心，对国人的做派、心理需求也是心中有数，混迹于十里洋场如鱼得水。更难得的是，他还有对于政治、经济的敏感，经常向胡雪岩提出一些忠告，影响着胡雪岩的一些重要决策。例如，左宗棠和李鸿章之间的矛盾，必将对胡雪岩的生意产生影响，他都能及时地觉察且不失时机地向胡雪岩作出提醒。没有古应春忠心耿耿的全力支持，胡雪岩至少在上海的生意，例如与洋人的丝茶交易，发展绝不会那样迅速。

尤五，松江漕帮事实上的当家人。几十年帮会道上的风风雨雨，自然使他练就一身看事敏锐、处事周到、待人接物左右逢源的本事。手握漕帮势力，松江至上海一路，可以通行无阻；他还重义气、讲信用，受人之托必忠人之事。胡雪岩在杭州被围时冒死出城到上海买粮，从买粮到向沙船帮求助运输，都是他一人承办。为办成事，他甚至向素来是对头的沙船帮低头也在所不惜。没有尤五和他的漕帮势力的帮助，胡雪岩的生意也不可能得以迅速发展。

刘庆生，阜康钱庄的第一任"档手"。刘庆生起先虽然只是大源钱庄一个站柜台的伙计，但得胡雪岩延用造就，很快便脱颖而出，且得胡雪岩"真传"，处事机巧。在胡雪岩创业之初，他为胡雪岩独当一面，料理阜康钱庄的生意，胡雪岩几乎可以完全放心而不必过问。这其实对胡雪岩生意的发展也起到十分重要的作用。没有他的独当一面，胡雪岩也就不可能在钱庄开办之初腾出手来开创他的丝茶、军火等生意。

从外部看，胡雪岩生意的成功自然也来自同行同业的真心合作。

比如，在钱庄生意上，他就得到信和钱庄的大力支持，他的阜康钱庄的开办启动资本实际上就有来自信和钱庄的长期借款。在生丝生意上，他得到了丝商大户庞二的支持，没有庞二作为后盾，他不可能一开始生丝"销洋庄"就垄断市场，控制价格的运作……

实际上，胡雪岩的每行生意都有极好的合作伙伴，而几乎他的每一个合作伙伴都曾对他的事业鼎力相助过。

在生意场上，追求金钱利益虽然是第一位的，但没有朋友的人，你很难想象他的成功。

在生意场上，强调朋友的重要并不与利益第一的原则悖反。相反只有两者的完美结合，才能真正成就你心中的宏图霸业。除了交生意上

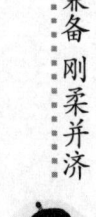

的朋友之外，更应交人生中的朋友，这是一个战略上的问题，而结交朋友，绝对要以诚相待，这绝对要以诚相待，这绝不是金钱所能交换的。

所以，在生意场中，我们不讳言金钱第一，但我们应牢牢记住，朋友更为重要。生意场上靠朋友，有了朋友可以信步天下，没有朋友却寸步难行。"商场谋近利，做人求远交"，在生意场中用心去交朋友绝对是必要的，这正是胡雪岩给我们带来的宝贵启示！

欲擒故纵，长袖善舞

"欲擒故纵"是古代兵法里的一计，商人胡雪岩把它运用到为人处世上，也达到了长袖善舞的迷人境界，成为他圆融处世的一个重要方法。

胡雪岩不惜以断送自己在信和钱庄的前途作赌注，毅然资助落难的王有龄进京捐官，王有龄在穷困潦倒之际有此奇遇，自然对胡雪岩无限感激。但胡雪岩虽然用心良苦，力求一搏，表面上却仍是平心静气，不急不躁。

胡雪岩不仅资助了王有龄五百两银票，而且还考虑得特别周到，为了王有龄路上使用方便，胡雪岩将这五百两银票兑换成各种面值的票子。王有龄这时忽然想起受人如此大的恩惠，却对他的名字、身世等一无所知，连忙问："小胡，还没有请教大名呢！"

"我叫胡光墉，字雪岩。你呢？你的大号叫什么？"胡雪岩平静地一问一答。"我叫王有龄，字雪轩。"王有龄说。

"雪轩，雪岩！"胡雪岩念了两遍，抚掌笑着说，"好极了，听声音，好像一个人。你叫我雪岩，我叫你雪轩。"

"是，是！雪岩，我还要请教你，府上……"

"凭一点薄产过日子，没什么说头。"胡雪岩知道他这是要问自己的家世，笑笑不肯多说，马上又岔开话题问，"雪轩，我问你，几时动身？"

"我不敢耽搁，把家里略略安排一番，在三五日内就动身。如果一切顺利，年底就可以回来。雪岩，我一定要想办法分发到浙江来，你我兄弟好在一起。"王有龄说。

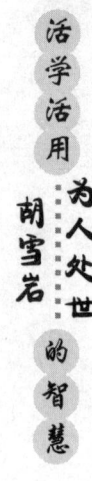

"好极了。后天我们仍旧在这里会面，我给你钱行。"胡雪岩说。

"我一定来。"王有龄十分感动。

到了第三天，王有龄如约来到上次会面的茶馆，但等到天黑，仍不见胡雪岩的踪影。他连胡雪岩的家住在哪里都不知道，只好再等。

夜深客散，茶店收摊了，这才把王有龄撵走。他已经雇好了船，无法不走，第二天五更时分登船远行，临行之前竟不能与胡雪岩见一面话别。

胡雪岩的这一处世手腕，就像舞姬的长袖，飘然而至，又悄然而逝，令人魂牵梦萦，而久久怅惘。

我们为胡雪岩设身处地想一下，他擅自借款给王有龄，自毁数年来苦心经营的钱庄前途，一家老小将生计无着，穷困潦倒。然而，他仍能表现得如此从容，不能不令人敬佩。假如换成其他人，则必反复叮嘱王有龄飞黄腾达之日，不要将他忘记，如此嘴脸，王有龄纵为宽厚之人，也定在心中暗暗生厌了。难怪有人称胡雪岩为神人。

因此，王有龄发迹归来，便念念不忘恩人胡雪岩，时时刻刻想报恩于他，却苦于无处寻觅。当日胡雪岩并未将住所地址告知王有龄，王有龄几番重回旧地寻觅胡雪岩，却寻他不着，越寻不着，报恩之情越切，以致日夜苦恼。

然而，此时的胡雪岩，正混迹于市井之地，只差一步便要讨饭为生了。他自然是在苦等王有龄，却不主动寻上门去，只是等待，如昔日姜太公钓鱼，静候所盼之人。

这就是胡雪岩的长袖善舞——欲擒故纵。

也许有人会对胡雪岩这出神入化的圆融处世技巧感到高不可学，其实要达到这种水平是非常简单的，你只要具备了一颗纯正之心就可以了。

有这样一个故事：

南北朝时期，天竺国王子达摩禅师为了弘扬佛法，毅然决定远渡重洋，踏上前往中国的漫漫征途。经过长达三年的艰苦航行，他终于抵达了繁华的广州城，开启了自己在中国的传教生涯。

在那个时代，佛教在中国已经有了一定的影响力，然而对于很多人来说，佛教仍然是一个陌生的概念。达摩禅师的到来，无疑为中国的佛教事业注入了新的活力。他四处游历，宣扬佛法，逐渐赢得了人们的尊重和敬仰。

有一天，袁梁武帝特地召见了达摩禅师。他向达摩禅师询问了一个问题："我常常印经书，又建了许多塔和佛寺，请问我到底有多大的功德？"这个问题对于很多人来说，可能是一个难以回答的问题。然而，达摩禅师却毫不犹豫地回答道："一点功德也没有。"

梁武帝听了这句话，心中不禁感到有些不悦。他原本以为自己所做的这些事情能够为自己积累功德，却没想到在达摩禅师看来，这些行为竟然毫无功德可言。达摩禅师看出梁武帝的不满，知道他和梁武帝的缘分已经尽了，于是便离开了。

其实，达摩禅师的回答并非是无理取闹。他之所以说梁武帝没有功德，是因为梁武帝印经书、建佛寺、修佛塔的动机并不纯正。他做这些事情的目的并不是为了弘扬佛法，而是为了追求个人的功德和名利。这种动机不纯的行为，自然无法积累真正的功德。

同样地，在商业领域，成功的经营者和失败的经营者之间也存在着类似的差异。成功的经营者往往能够以无私之心观察事物，把公利放在首位，而不是被私欲所驱使。他们明白，只有以纯正的心去经营事业，才能够赢得客户的信任和支持，从而促使事业不断兴盛繁荣。

而那些失败的经营者，往往只关注自己的私利，忽视了公利的重要性。他们为了追求短期的利益而牺牲了长期的利益，最终导致了事业的失败。这种私心经营的行为，不仅无法获得真正的成功，还会给自己和他人带来无尽的痛苦和困扰。

因此，我们在为人处世时，也应该像成功的经营者一样，以纯正的心去对待他人和事物。我们应该帮助别人而不求回报，把它当做一种行善的行为。这样，我们不仅能够赢得他人的尊重和感激，还能够在自己的人生道路上积累更多的善缘和福报。

很多时候，交情并不是为了功利和直接的商业动机而有意去培养

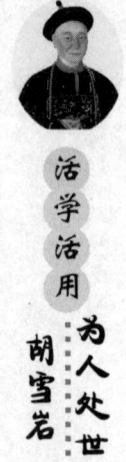

的。有时候，我们在无意中做了一件让别人感激终生的事情，而这种回报也是悄无声息的。或许在很久以后，我们才会意识到，原来那颗情义的种子已经开花结果了，为我们带来了意想不到的惊喜和收获。

正因为如此，我们更应当珍视每一次与人交往的机会，用一颗真诚的心去对待每一个人。不要总是想着从别人那里得到什么，而是要学会付出，学会给予。因为在这个世界上，没有什么是无缘无故的，所有的得到都源于曾经的付出。

在与人相处的过程中，我们要学会倾听，学会理解。每个人都有自己的故事和经历，都有自己的快乐和悲伤。只有当我们用心去聆听，才能真正理解别人的需求和感受，才能更好地帮助别人，建立深厚的友情。

此外，我们还要学会宽容和包容。每个人都有自己的缺点和不足，我们不应该因为别人的错误而对他们产生偏见或怨恨。相反，我们应该用一颗宽容的心去接纳他们，帮助他们改正错误，共同进步。

总之，以纯正的心去对待他人和事物，是我们为人处世的基本原则。只有这样，我们才能在人生的道路上越走越宽广，收获更多的友情和幸福。

总之，无论是修行佛法还是经营事业，我们都应该保持一颗纯正的心。只有这样，我们才能够真正地理解事物的本质，把握成功的关键，赢得他人的尊重和信任。同时，我们也应该珍惜那些无意中积累的善缘和福报，让它们成为我们人生道路上最宝贵的财富。

处事

——无所不能 有所不为

外在的一穷二白并不可怕，可怕的是思想和内心的贫瘠，尤其是立世准则、谋事技巧的长期缺失。世间有些事可以"亦此亦彼"，而有些事却只能"非此即彼"。象棋中有"弃子取势"，"弃"正是为了"取"。放弃并不见得是不能干好某件事，而是为了更好地干其他事。所谓"无所不能，有所不为"。

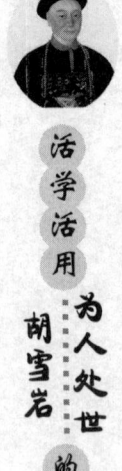

君子爱财，必须取之有道

古人云："君子爱财，取之有道"，这里的"道"，不同的人，可能会有不同的认识和看法，但无论怎样理解，这个"道"总是包含着正道、正途的内涵，这是任何人都必须坚信的。只要得之于正道，不违法乱纪，害人坑人，君子也不会以爱财为耻。

"做生意还是从正路上去走最好"，胡雪岩经常对自己的合作伙伴这样说。胡雪岩所说的正路，也就是能按正常的方式、正当的渠道办的事情就不要用"歪"招、"怪"招去做。

从某种意义上说，胡雪岩制服朱福年的办法，就是一种诱人落井、推人跳崖的阴狠招数，确实有一种歪门邪道的意味。但胡雪岩认为，这种歪门邪道，只有在万不得已时才能偶尔为之，一旦能够用正常的方法去做事，也就不必如此了。言谈之中可以看出，胡雪岩对于自己迫不得已而施出的制服朱福年的"歪招"从内心也是持否定态度的。

另外，胡雪岩所指的"做生意要从正路上走"，还有另一种含义，就是指做生意要时刻牢记"君子爱财，取之有道"的原则。什么钱能赚，什么钱不能赚，要分得清清楚楚，不能一心只想赚钱而不顾道义，来路不正的钱绝不拿。

生意场上，经商就是为了赚钱，目的就是要把别人口袋里的银子"掏"到自己的腰包里来。商人图利，不过，赚钱要走正道，要光明正大地从别人口袋里"掏"银子，并且要做到让别人心甘情愿地让你来"掏"。这当然并不是一件容易办到的事，也肯定需要许多技巧和诀窍，这也就是所谓的"生财之道"。不懂得生财之道，"君子爱财"终归只能是爱财而已，绝对是取之不来的。

胡雪岩驰骋商场一生，精于生财之道，他注重"做"招牌、"做"面子、"做"场面、"做"信用；而且善于广罗人才，经营在官场、江湖中的靠山；乐于施财扬名，广结人缘。这些措施，就是胡雪岩的"生财之道"，而且也确实行之有效，为他挣得了许多银子。

这里的"道"，应该解释为取财而不违背良心，不损害道义。经商之道，首先是做人为人之道。一个跟头跌进钱眼里，心中只有钱而没有做人的基本原则，为了钱不惜坑蒙拐骗，伤天害理，便是奸商，这种人即使拥有的财富再多，也为人们所不齿。

"君子爱财，取之有道"，具体来说，就是要依靠个人的胆识、能力和智慧，依靠自己勤勉而诚实地劳动去心安理得地"挣"取，而不是怀着发横财的心思靠歪门邪道、坑蒙拐骗去"诈"取。

真正做出大成就的成功商人都明白这样的道理：商业运作最需要讲信义、信誉和信用，最应该讲诚实、敬业和勤勉。也就是说要于正途上"勤勤恳恳去努力"，生意才会长久，所得才是该得。所谓飞来的横财不是财，带来的横祸恰是祸，说的就是这样一个道理。

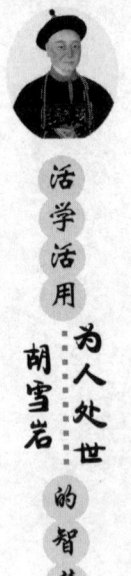

名与利，名为先

在生意场上，求利也要求名。名气做响了，"金字招牌"擦亮了，生意也就自然会兴隆起来，这就是所谓实至名归。胡雪岩深谙"先赚名气后赚钱"的各种奥妙，因此，他总是把如何做名气放在优先考虑的地位，把名气做大，就能把生意做大。

绝大多数人都爱为了赚钱而自我毁坏面子，露出贪婪样，这是胡雪岩的一大忌。胡雪岩在创办自己的钱庄时就十分注重自己钱庄的招牌名。他自知自己只会"铜钱眼里翻跟头"，对题定招牌这样需要文墨功底的事情力不胜任，因而郑重其事地去请教王有龄。

不过，胡雪岩虽然不知道题定招牌的遣词用字，但他知道题定招牌该有的讲究，当王有龄告诉他题招牌自己也是头一遭，还不知道怎么题法时，他毫不犹豫地就摆出了题定招牌应该注意的几条原则："第一要响亮，容易上口；第二字眼要与众不同，省得跟别人搅不清楚。至于要跟钱庄有关，要吉利，那当然用不着说了。"

胡雪岩这里讲到的几点要求，正是题招牌的关键所在，上口，也就是要求题写的招牌要简洁明了、通俗易懂，且读起来要响亮畅达、朗朗上口。挂出招牌目的就是要让人记住，因此，这一点也就显得特别重要。如果一方招牌用字生僻，读起来诘齿聱牙，招牌的作用也就失去好多了。

与众不同，就是使自己的商号在招牌上显出一种特别，能在众多同行同业中引人注目。用现代商务运作的理念看，一个与众不同的招牌，实际上意味着一种独立的品味和风格。因此，这一点也显得非常重要。

跟钱庄有关，即招牌用字要符合自己商号的行业、行当的特点，要能让人一看招牌就知道你的商号是干什么的。

吉利，这大约是中国人题定招牌时特别讲究的一点，不过这也符合商场上人们的一种普遍的心理。商场上，无论买方卖方，都是希望能够大吉大利的，谁也不会喜欢自找晦气。

就是根据这几点要求，王有龄为胡雪岩选择了"阜康"两个字。这两个字取"世平道治，民物阜康"之意，可以说是完全符合了胡雪岩的要求，因此胡雪岩将这两个字念了两遍之后，立即欣然同意："好！就是它。"

题定招牌，用现代商业术语说，也就是为自己的公司或商务机构做商业性命名。中国传统的说法是定字号，而用大白话说，也就是为自己的生意取一个名字，实际上也就像为新生儿取名一样。不能小看了这一过程。做生意首先必须定名，要有名目（也就是字号）别人才知道，要有名目，还要有名气，别人才信服，而取一个好的名字往往一叫就响，成为金字招牌的基础。因此，一些有眼光的商人都注重如何为自己的商号题名。

从这一角度看，胡雪岩对于自己钱庄招牌的重视以及他对题定招牌的要求，也显示了他精明的生意眼光。

除了重视题定招聘，胡雪岩更多的是靠诚实无欺来建立起自己的信誉，建立起自己的"金字招牌"。诚实不欺是所有生意行当的立足之本，也是在竞争中取胜的一个重要砝码。有才无德，仅靠耍花样来求名取利，到头来只能是搬起石头砸自己的脚，聪明反被聪明误。

胡雪岩处于商业意识还不很发达的晚清时期，就具有如此强烈的品牌意识，这是何等的高瞻远瞩！

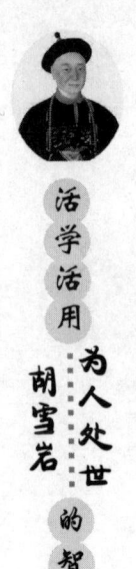

兵不厌诈，虚虚实实

常言说："水至清则无鱼"，这句话的意思是说：清澈的水潭里如果有鱼的话，早就被人用尽办法捞走了。其实人也一样，如果城府太浅被人一眼就看透，那么，这个人的前途就可想而知了。所以，做人应该虚虚实实都来一手，这样才能在处处"险恶"的社会环境中生存下来。

商场如战场，不懂计谋，不懂虚实的商人肯定会被商海无情地吞噬掉。因此，身在商海的商人应该多放几处掩盖真实的烟幕弹，虚虚实实，让对方无从下手，这样才能在激烈的商战中脱颖而出。

阜康挤兑风潮全面波及胡雪岩的生意，已经面临破产倒闭的时候，胡雪岩还是不肯将自己囤积的价值九百万的生丝按洋商的开价脱手。

胡雪岩直到这样的紧要关头还不肯松口，便是完全从生意上、从补救危机的角度考虑了。

到阜康倒闭之前的几年，胡雪岩的生丝生意，已经超出了在商言商的范围。此前，他不肯将自己囤积的生丝按洋商开价出售，事实上已经不仅仅是从垄断市场、控制价格的生意角度做出的决策，而是以丝业领袖自居，为了维护江、浙养蚕做丝人家几百万人的生计，跟洋人斗法。但商场如战场，斗法双方都讲虚实，讲攻守。

洋商联合起来实力充足，可以一直保持进攻不懈的势头，而胡雪岩却是孤军应战，唯有苦撑待变。不过，这情形也如围城守城，洋商大军压境，劳师远征，最怕久持不下，故而求速战速决。而胡雪岩被困城中，利于以逸待劳，只要内部安定，能够坚守，等围城的洋商劳而无功，军心动摇，再等他们撤兵退散时开城追击，也就可以大获全胜。胡雪岩几年来大体就采取这种战术，也确实收功不少。

但自上海阜康挤兑风潮一起，此时就好比城内生变，洋人必然在拭目以待胡雪岩自动弃城投降。这个时候，只要洋人看出胡雪岩已经力不能支，必然会像饿虎扑食般扑过来，胡雪岩最终只能任他们宰割：洋人本来就在联合抵制胡雪岩，狠杀胡雪岩所囤生丝的价格，一旦松口，让洋人知道胡雪岩急需将生丝脱货求现用于钱庄周转，必然会趁火打劫，要将这批生丝活剥生吞下去——你既然急等现银来找我，那就得一切听我的了。

一个直接的后果就是，价值九百万两银子的生丝，不仅不能照本收回，甚至会打"倒八折"，最多只能收回一百八十万两。胡雪岩此时所有财产，不算价值九百万两的生丝，加起来不过三百万两左右，而他所欠债务，连代理官款在内，已达八百万两。此时的胡雪岩事实上只希望能够半价售出这批生丝，以帮助自己渡过难关。而如果落到了只能"倒八折"拍卖的地步，胡雪岩真就是神仙也救之不得了。

因此，这个时候，胡雪岩绝对不能投降，不仅不能投降，甚至连一点投降的苗头都不能让洋人看出。

这就是胡雪岩虽然本来只求将自己囤积的生丝半价脱手，而实际运作中也绝不松口抛售的原因。尽管胡雪岩最后也没能逃过破产查封、拍卖抵债的结局，但他在危急关头绝不手软的决策，无论如何也是根据情况采取的一种挽回败局的必要手段。

正如胡雪岩自己打的一个比方，处在危急关头，就如一个人在舞台上顶着一个石臼做戏，对于做戏的人来说，石臼压在头上，既是负担，也是弱点，但越是如此，越要尽力把戏做好，如果能够做得让台底下的观众看不出自己头上顶了一个石臼，戏就可以做下去，能够维持到换幕转场，那就不要紧了。

这个"顶着石臼做戏"的比喻，其精义就在于，越是艰难的时候，越是要注意：不能将自己的弱点暴露给自己的对手。这也正如战场用兵，所谓兵不厌诈。

危急关头，大兵压境，自己清楚地知道自己一方守备空虚而弱点

太多，但这些弱点只有自己知道，这时如果能处之以镇静，不使对手知道自己的弱点，不让对方摸透自己的虚实，这样也就还有化险为夷的希望。如果自己先就气馁起来甚至一不留神将自己的弱点暴露给对手，那就无异在加速自己失败的进程了。

做人也是同理。人性丛林是十分复杂的，没有必要的伪装等于身处在一个危险的境地中而毫无防备，随时都有受敌侵袭的可能。必要时学会"诈一诈"，也是一种做人的心机。

思谋

——三思而行 未雨绸缪

不会思考的人，一定是做到哪儿算哪儿，成败全凭自己的运气，容易功败垂成。因此，做事一定要有一个运筹、谋划和权变的过程，这个过程通俗地讲就是算计。算计并不是阴谋，只是做事所需要的技巧，是人们为达到成功所采取的正当手段，善于算计的人才更具魅力，在任何环境中都能做到潇洒自如、游刃有余。

深谋远虑，善于造势

每个人的际遇各有不同，有顺利的时候，有患难的时候，在各种不同的境遇中，好运不会永远伴随，一个人只有不停地超越自我，有危机感，才有动力向前。所谓人无远虑必有近忧，没有为生活想得长远的人，会被生活抛得很远。

胡雪岩的阜康钱庄开业这天，信和钱庄的大东家和档手张胖子、大源钱庄的大东家孙德庆以及鸿财钱庄的档手等一批名闻苏杭、富甲江南的钱庄业巨头纷纷前来贺喜。他们"堆花"的存款都有好几万，而那些散放在柜台上的贺银更是不用说了。

其余贺喜的同行也络绎不绝，钱庄门前车水马龙，直引得行人驻足观望。纷纷猜测，为什么杭州城一个小小的钱庄"伙计"开钱庄会有此等风光呢！其实这全是靠胡雪岩巧妙地在王有龄身上和钱庄"大伙"身上投资所换来的成果。通过对王有龄的投资，大家都知道胡雪岩在官场有朋友，今后难免会有事相托，同时又加上他人缘极好，同行中公认他是个诚实、守信之人。

等到客人宴罢离开，胡雪岩又开始盘算开业的情况，虽然来了个"开门红"，看起来情形不错，但他感觉这是常人走的老路，做生意第一步最重要，不是谋名就是取利，只有走准了第一步，以后的生意才会水到渠成，不断做大。

胡雪岩低头暗自思忖了好一会儿，明白做钱庄生意的第一步就是要闯出名头，要让人感到在你这里存钱不但安全，而且还有利可图。

如果能做出名气，即使刚开始成本高一点，以后肯定也能财源滚滚。但是怎样才能尽快闯出自己的名头呢？

不愧是在钱眼里翻跟头的人，胡雪岩头脑中灵光一现，立刻把总管刘庆生找了过来，要他开立十六个存折。每个折子存银二十两，一共三百二十两，挂在自己的账上。胡雪岩拿起给巡抚姨太太玉菡的折子，叫来一长相英俊的小伙计谢青，立刻给抚台府邸送去，并嘱咐务必见到姨太太且讨个回讯。

谢青来到抚台府邸，下跪请安后，从怀里掏出折子递过去。玉菡疑惑地打开折子，见自己名头下存银20两，不禁惊讶道："我从未存过你家钱庄，别是弄错了吧？"

谢青说："是胡老爷吩咐，这20两银子是敬送夫人的薄礼，夫人若要体恤我们钱庄，有不急用的银钱可存入庄里，利息优厚，取用方便。"

姨太太见了这样漂亮的伙计，又见了这样会办事的东家，就拿出一张500两的银票交给谢青。谢青回到钱庄，回复胡雪岩。胡雪岩见这招如此管用，于是命伙计分头去送折子。没过两天，果然抛砖引玉，各家官眷纷纷来投桃报李，把各种私房钱都存入阜康钱庄，少则几百，多则几千上万。

胡雪岩找的这条门路，不仅聚集一大笔资金，而且争得了一块天大的面子。人人都知道阜康钱庄与衙门上上下下关系密切，便都格外另眼相看。名气一响，生意也就自然兴旺起来了。

胡雪岩就像是一条大鳄，这点名气他根本就不会满足。正在这时，朝廷又分派官票。为了使发行顺利，户部规定各省布政司衙门，每省必须吃下官票若干。然后，再由各省布政司衙门，通令省内钱庄或票号等民间金融机构，强行分摊，全数吃下官票。也就是朝廷凭空发行纸钞（亦即官票），强制兑换民间现银。

这事让下面的钱庄很是为难，谁都知道纸不当钱花，再说官家的事情，谁知有什么变化呢？胡雪岩心里已经拿定了主意，他认为越是乱的时候越有机会，凡事有其弊必有其利。

最关键的是，一定要随时抓住有利的一面，就会永赚不赔。他对刘庆生说："京里发放这种官票，只不过是想聚敛银两，充实军饷以对付

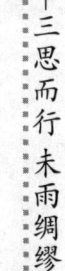

长毛。我看长毛胜则弥骄，败则气馁，不得人心，甘于守成，必不能成大器。现今官兵得西洋利器相助，长毛必败无疑。因此，无论亏盈，我都要帮官兵打赢这场仗。只要官军铲除了长毛，世间太平，朝廷必将感激。到时候无论做什么生意，朝廷必将一路放行，还哪有不发财的道理？你明白了吗？记住，做生意要将目光放远，生意做得越大，目光就要放得越远。不要怕投资过大，只要能用在刀刃上，投资都会收到事半功倍的效果。因此做大生意一定要看大局，你的眼光看得到一省，就能做下一省的生意；看得到一国，就能做下一国的生意；看得到国外，就能做下国外的生意；看得到天下，就能做天下的生意。"

两天后，杭州钱庄同行开会，商讨如何处理上头交下来的二十五万两"户部官票"，杭州城里大大小小钱庄老板无不哭丧着脸。那次同业聚会胡雪岩没有参加，但他事前明白告诉了"阜康钱庄"档手刘庆生要帮助朝廷对付起义军，刘庆生就在众人犹豫观望之际，主动站出来一下子认购两万两。

当时，杭州城里加上新开业的阜康，共有大同行九家，小同行三十三家，按大同行一份，小同行一半，阜康一下子就挂了头牌。在阜康的带动下，各钱庄认购踊跃，结果二十五万两的"户部官票"还不够分。在兵荒马乱的年月能出现如此景象，实在难得。阜康的行为不仅得到了同行的赞赏，而且还得到了朝廷的褒奖。

也正是因此，阜康这块招牌一下就在官商两界响亮起来，经过阜康钱庄转兑、私蓄的朝廷官员也越来越多。胡雪岩聪明、能钻营，这是商界对胡雪岩的共同评价。事实上商界也是弱肉强食、适者生存，谁能钻营善筹算，谁就是"适者"。

胡雪岩的深谋可谓远矣，但主要是他会看世事，如果没这本事也不要做大生意，换成普通人会把钱给素不相识的王有龄，能看到起义军会失败？正是他有深谋远虑的智慧，才有了他的传奇。

王永庆是台湾著名的实业家，他经营的台塑集团是台湾岛内最大的企业。王永庆在做生意的时候，常常会采取一些其他商人意想不到的做法。

王永庆认为，在经济萎靡之时投资新的项目，此时建厂的成本较低，可以增强产品的竞争力。而且经济形势的好坏，大都遵循一定的周期运转。兴建一座现代化工厂约需一年半到两年的时间，在经济不景气时建厂，等到市场逐步恢复，刚好建成投入使用，在市场竞争中处于有利地位。

20世纪80年代初，美国的石化工业普遍不景气，美国的石化工厂纷纷停产、倒闭，此时那些苦苦支撑的企业更是紧缩财政支出。而王永庆偏偏反其道而行之，他派人赶到美国的得克萨斯州去兴建大规模的石化工厂，不久，又向美国几个大公司购买了两个石化工厂与八个聚氯乙烯加工厂，这在别人看来简直是寻死路。

然而事实证明，王永庆此举确实是棋高一招。工厂兴建没多久，石化工业在美国政府的干预下开始复苏，聚氯乙烯及其附加制品开始供不应求，王永庆的投资眼光也在这一次的投资行动中为世人所称道。

冒险不是盲目的，而是经过深思熟虑，通盘运筹，能预见到成功的结局。这也证明了那句话，思考的人是成功的人。

审时度势，乘时借势

心理学家阿德娄总结道：人类最奇特的特征之一，是那种可以把减号变成加号的能力。借势就是"把减号变成加号"。可以这样说，借势对于成大事的人的作用，犹如羽翼之于飞鸟。

社会是人群的集合，无数个体的竞争之力汇合起来，构成巨大的社会力量。一个人要想做出一番非凡的事业，为社会做出贡献，就不能仅仅局限于自身的努力，必须寻找一切成功的契机，寻求一切可以利用的力量，借为己用。借势而起，借力而发，对胡雪岩来说轻车熟路。

不少人，希图以一己之力摇旗呐喊，造成对自己有利的态势，殊不知这样做往往得不偿失，真正高明的人必然是顺流而行，借势而行。许多看起来难办的大事，居然顺顺利利地办成了，就是懂得借势的缘故。胡雪岩为帮助左宗棠筹办船厂和筹措军饷，向洋行借款成功，就是借势而行的结果。

胡雪岩是中国历史上以商人身份代表政府向外国引进资本的第一人。而在他之前，清朝政府还没有向洋人借款的先例，当时的官府明确规定不能由任何人代理政府向洋人贷款。曾是军机首领的恭亲王，就曾拟向洋人借银一千万两用于为海军购置军舰，朝廷的批复却是："其请借银一千万两之说，中国亦断无此办法。"连朝廷重臣恭亲王都碰了壁的事实，甚至让一向果敢又决断的左宗棠，对向外商借款能否获朝廷批准也心存犹豫。

胡雪岩却不像左宗棠那样看待向洋人借款这事，他认为此一时，彼一时，同样是向洋人借款，那时要办断不会获准，而这时要办却极可能获准。因为形势已经变化了，这是时势使然：

一是那时向洋人借债买船，受到洋人多方刁难，朝廷官员中的大多数人不以为然，恭亲王独木难支，亦开始打退堂鼓，自然绝不会再去借洋债。而此时洋人已经看出朝廷镇压太平天国，收复东南财富之地的信心和决心，自愿借款以助朝廷军务，朝廷自然不大可能断然拒绝。

二是当时发展军务并不是朝廷的头等大事，向洋人借款买船仍然可以暂缓。此时朝廷认为发展军务重于一切，而重中之重又是镇压太平天国。为军务所急提出向洋人借款的要求，朝廷也一定会言听计从，批准借款申请。

三是此时领衔上奏的左宗棠本人手握重兵，权倾朝野，且因平定太平天国有功而深得内廷信任，由他向朝廷提出借款事宜，其分量自然也不一般了，朝廷也自然应当颇为重视。

抓住机会，借助这三个条件形成的大势，向洋人借款不办则罢，一办则准成。事实也确实如胡雪岩分析的那样，朝廷批准了向洋人借款事宜。

"与其待时，不如借势"，这里所说的势，即恰逢其时、恰在其地，几好合一，对于事件的成功能够起积极作用的机会集合而成的某种大趋势。具体说来，这种"势"也就是事物发展到一定程度时，由时、事、人等因素交互作用形成的一种可以助成"毕事功于一役"的合力。

这里的"时"即能够促使事情成功的有利时机，"事"是指具体要实施的事情。所谓"此一时，彼一时"，同样一件事，时间不同了，条件也会发生相应的改变，彼时去办，也许无论花多大的力气都无法办成，而此时去办，可能"得来全不费工夫"。因此在处理事情时，我们应认识到：一定的时机办一定的事情。

乘时和借势是成大事的重要因素。由于时和势常常处于变化之中，时而有利，时而不利，这尤其需要借势成事者审时度势，超前判断，在形势变得即将对己有利时，抢先出手，方能抢占先机，进而借势掌握全局，最终实现成事之效。

三思而后行，谋定而后动

生意场上，充满了搏杀，也充满凶险，往往一着不慎，满盘皆输。而且生意越大越难以照应，也就越容易出现疏忽。因此，驰骋于生意场上，不能恃强斗狠，也不能大意粗心。一事当前要谋定后动，未雨绸缪，是生意人一定要记取的。

胡雪岩说："这时候做事，不能说碰运气，要想停当了再动手。"他这里说的"这时候"，自然不是指商事运作的时候，而是指危急时刻，不能一味指望运气好转，要把思路整理透彻再选择前行方向。但这其中包含的道理，用于阐释商事运作却也是极为恰当的。

杭州被太平军团团包围，王有龄遵地方官"守土有责"的惯例，率杭州军民坚守孤城，终至粮草尽罄，断粮达一月之久，连药材南货，比如，熟地、黄精、枣、栗、海参之类，都拿来做了充饥之物，再后来就是吃糖、吃皮箱、吃草根树皮，最后已经到了割尸肉充饥的地步。胡雪岩冒死出城，到上海买得一船救命粮，运至杭州城外的钱塘江面，无奈进城通道已经完全断绝，城内城外相望而无法相通。

在经历了三天度日如年、寝食俱废的等待之后，胡雪岩终于同意让陪他一起到杭州送粮的萧家骥冒险进城，向城中通个消息，并商量一下，看看能不能找到将粮食抢进城中的办法。萧家骥出发之前，胡雪岩问他如何到对岸，如何进得杭州城去，遇到敌、我双方的人又如何应对。

对于这些至关重要的问题，萧家骥其实想都没想，以他的意思，这种情况下，原本只能见机行事碰运气。胡雪岩不同意萧家骥的想法，他告诉萧家骥，"这时候做事，不能说碰运气，要想停当了再动手"。并且筹划了细致的应对方案，才放他出发。

其实，在成大事的过程中许多时候遇到的情况与萧家骥此时冒险进城也非常相似：

救命大米费尽辛苦已经运到城外，绝没有无果而返的道理。但当时的情形是，城外的人对城内的情况一无所知，城外有重重围兵，抓住想要与城中守军互通消息的人，一定会予以重罚，弄不好还会杀头。

而被围的人此时实际上也已成惊弓之鸟，萧家骥在城中没有一个认识的人，加以这个时候又不能写一个能够证明他身份的文书信函之类的东西带在身边，进得城去也有可能被当成奸细。

也就是说，无论是落入围兵之手，还是进得城去，应对稍有差池，都会性命不保，更不用说完成此行的任务了。萧家骥此行，实在吉凶难料，结果只能等到最后才能见分晓。

所以，一个欲成大事的人，必须时刻注意提醒自己，要谋而后动，"想妥当了再动手"。

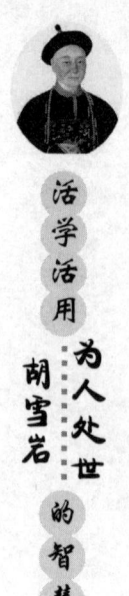

未雨绸缪，防患未然

"未雨绸缪"即趁天还未下雨，赶紧修补好门窗，做好准备，以防不测。再引申一步则成为做事、处世的一种谋略。

天有不测风云，更何况随时处在不断变化之中的世事人心。凡成就大事业者，对不测事变都应有充分的心理准备，防患于未然。特别是事业一帆风顺，成功接踵而至之时，更该有所警醒。

老子曾说："祸兮福所倚，福兮祸所伏。"民间的俗话也说："晴带雨伞，饱带饥粮。"这些说法都深刻地阐明了一个道理：变是绝对的，不变是相对的。做事要懂得算计，要走两步看三步，才有取胜的可能。

胡雪岩十分注意给自己留退路，这也是"未雨绸缪"的一种做法。胡雪岩在自己生意的鼎盛时期，总是能够深谋远虑，十分注意未雨绸缪。

可惜的是，在后期的事业中，他在一些重大问题和事情的处理上，一方面由于社会环境，官场斗争等客观情势的限制，一方面由于他的用人不当与失察，也更由于他自恃实力雄厚，反而把一条驰骋商场必要的原则忽略了，以至于最后在挤兑风潮来到之时，终因拯救无门而导致自己辛勤一生积累的巨大家业彻底崩塌。

一个很典型的例子，就是为帮左宗棠西征筹饷而向洋行借债一事：

按说，借洋债用于军需粮饷，这本来是国家事务，但这两笔巨债最终却错综复杂地落在了胡雪岩身上。光绪四年（1878年），左宗棠西征期间，粮款奇缺，但他深信西征迟早会成功，可谓志在必得，因此他要胡雪岩出面邀集商户，同时向英国汇丰银行借款，以解军需之急。最终从华、洋两面共借得商款达六百五十万两用于西征粮饷……

本来照左宗棠自己的计算，还清这笔款项应该不难，因为预计七年之中，光陕西就可得协饷一千八百八十万以上，以这笔饷款清偿"洋债"足够了。但因协饷解到时间不一，所以协定不做还款期次限制，六年还清即可。除此之外，左宗棠在奉调入京之前，为了替后任刘锦棠筹划西征善后，再次在近乎独断专行的情况下又向汇丰银行招股贷款四百万两。

之后不久，左宗棠为借洋债之事入奏朝廷，但一个月以后接到朝廷批复，大意竟然是不予理睬。因为朝廷认为左宗棠系借商款，以致京内各项开支都无从筹措，自然还款也就不能帮你左宗棠了。

朝廷这种连推带拖、"概不负责"的态度，无疑使借款的风险一点一点都转嫁到了当时出面商借的胡雪岩一人肩上。因为虽然说好这两笔借款都由各省解陕的协饷还付，但一来协饷解到时间不能有明确期限，而且原议解陕的协饷还有可能被取消。那么协饷不到，无法还款，洋行自然是找胡雪岩，而胡雪岩为了自己的信用，也就只能尽力筹措还款。正常情况下，以胡雪岩的财力当然问题不大，但局势如果发生变化，后果必将不堪设想。

后来的事实证明，为筹饷而向洋人借债实际上是很不合算的事情，洋人课以重利，本就息耗太重，而且此项借款又不是商款，可以楚弓楚得，牟利补偿。倘以一国之力前来承担自然不是问题，但如果转嫁到一个商人身上，则无疑是灾难性的隐患。

乱世之中，最终竟然不得不以一人之力而担国家的债务，这显然是胡雪岩没有为自己算计到的一步棋。而且当时局势已经发生变化，上海市面已经极为萧条，市面存银仅百万两，特别是此时，李鸿章要整掉胡雪岩的端倪已现，在此时接受为左宗棠筹集粮饷任务，更是没有为自己绸缪。

同时，在另外一件关于生丝的生意上，胡雪岩坚持与洋人一拼到底，决心打得赢要打，打不赢也要打，不肯将囤的丝、茧脱货求现，则更加雪上加霜，将自己逼上绝路而致背水一战。这样，风波突起之时，

思谋——三思而行 未雨绸缪

除了破产查封偿债之外，别无他路了。

胡雪岩自然是明白人，但这节骨眼上，就连胡雪岩如此精明的人，也不免失误。未雨绸缪不仅是一个认识问题，也是行动问题，认识到了却不采取行动还是没用。

众所周知，人的认识能力是有限的。正因为这样的局限性，才使得人们考虑问题难以周全；同时，由于人在社会生活中的地位和处境在不断地发展和变化，在这些变化中，其中有些变化是可以预见，可以把握，但更高更深的变化并非如此。因此，人在考虑问题时，就应该多做几手准备，处处算计到，真正做到未雨绸缪、有备无患。

进退

——以退为进 海阔天空

商场上没有常胜将军，任何一个驰骋商场的人，都要做好输的心理准备，都要有赢得起也输得起的胸怀。只是赢得起还不能算是汉子，只有输得起，输得洒脱，输得有志气，才是真正的汉子。在成败得失、前进后退之间，方能显出英雄本色。

进退自如，方显英雄本色

原谅失败者之初心，注意成功者之末路。这句话的意思就是说我们对于一个事业失败而感到心灰意冷的人，要宽恕他当初那样奋发向上的精神；我们对于一个事业成功而感到万事如意的人，要观察他是否能永远维持下去。

其实不是别人看他是否如何维持下去，而是自己要如何看待可能发生的失败，还是那句老话，可以被打倒，但不能被打败。

其实胡雪岩的衰败就是因为奢靡，不然以他那样精明的人，绝不会因为两派势力斗争而垮下去的。他是商人，他当然能够审时度势，得出最有利于自己的结论。但是他没有投向李鸿章，他所以没这样做，我们是不是可以认为，他内心的壮志已经被奢侈安逸蚕食掉了呢？

胡雪岩事业的覆亡，起始于原任英国怡和洋行中国总办威妥玛奉召回国，他在述职中对贷款给大清朝廷的事作出检讨。于是，胡雪岩借外债，从中赚取利息差额的案情，一下子暴发出来。民众一窝蜂赶到阜康钱庄挤兑，甚至砸毁店面。

朝廷指派刑部尚书、六府大臣、武英殿大学士文煜，前来查封胡雪岩的财产，首先摘去胡雪岩的顶戴花翎，然后把所有资产折算成银子，以偿还积欠朝廷的银两。

事发之前，一层皮还在，很好看。案发之后，那一层皮被剥开了，真相毕露，原来如此不好看。面子不过是一层皮，要善自珍重。

生意场上，没有人敢说自己可以永远立于不败之地，也没有一个人可以永远立于不败之地。从根本上说，做生意成功的把握总是相对的，而失败的可能却是绝对的。

没有生意人愿意"出事",但又没有一个生意人能避开这个问题。那么,当事情到来的时候,胡雪岩又是如何应对的呢?

胡雪岩生意的资金链出现断裂,可屋漏偏遭连夜雨,正当胡雪岩尽力支撑场面,想要保住杭州阜康信誉,以图再战的时候,又传来宁波通裕、通泉两家钱庄同时倒闭的消息。

通裕、通泉两家钱庄,是阜康钱庄在宁波的两家联号。上海阜康钱庄总号挤兑风潮开始之后,胡雪岩钱庄生意的主管宓本常潜至宁波,本来是要向这两家阜康联号筹集现银以救急的。但由于宁波市面也受时局影响很大,颇为萧条,这两家钱庄不仅无法接济阜康,甚至已经自身不保。宓本常到宁波不久,通泉档手就不知避匿何处,通裕档手则自请封门。

因此,宁波海关监督候补道瑞庆即命宁波知县查封通裕,同时给现任浙江藩台德馨发来电报,告知宁波通裕、通泉两家钱庄已经倒闭,并请转告这两家钱庄在杭州的东家,急速到宁波协助清理。

既是阜康联号,东家当然就是胡雪岩。德馨与胡雪岩一向交往甚厚,他不愿意就此撒手不管。而是让自己的姨太太莲珠向胡雪岩转达通裕、通泉的情况,并许以如果这两家钱庄有二十万两可以维持住的话,他可以出面请宁波海关代垫,由浙江藩库归还。

但当莲珠如此转告胡雪岩的时候,胡雪岩却不肯接受这个办法。他请莲珠告诉德馨,他肯为自己垫付二十万两维持那两家钱庄,他非常感激,但这只是头痛医头、脚痛医脚,最终结果不过徒然连累德馨,因此,并不是一个好办法。

在目前情况下,维持通裕、通泉,不过是在弥补已经裂开了的面子,只怕这里补了,那里又裂开了。胡雪岩决定放弃通裕、通泉这些已难以维持的商号,而投入全部力量保证目前还可以正常营运的杭州阜康钱庄,也就是竭尽全力"保住还没有裂开的地方"。

胡雪岩为商的一大特点就是他总是为他人着想,这也是他在倒下之后一直为人敬仰的原因,因为他行事为人始终将"义"字放在首位。

进退——以退为进海阔天空

用现代经营眼光看，先保住还没有裂开而可能保住的地方，这是保存实力以求再战的战术。在面临全面崩溃且破绽已现的情况下，考虑及时收缩战线，集中财力保住可能保住的部分，对于暂求生存是十分必要的，也是十分有效的。

但胡雪岩终于回天无术，一败涂地，所有的辉煌、所有的荣华富贵，在一夜之间都化为了过眼烟云，随风飘散。

商场上没有常胜将军，任何一个驰骋商场的人，都要做好输的心理准备，都要有赢得起也输得起的心性。只是赢得起还不能算是汉子，只有输得起——输得洒脱，输得有志气，才是真正的汉子。

给自己留一条后路

生意场上瞬息万变,许多事情都难以预料,因此,再有本事、实力再强的人,都不敢说自己做生意从不会失手。

事物之间总有一种内在的必然联系,而且总是互通互变的。胡雪岩有着非常灵活的手腕,并且长于变通。胡雪岩说:"犯法的事,我们不做。不过,朝廷王法是有板有眼的东西,他怎么说,我们怎么做,这就是守法。他没有说,我们就可以照我们自己的意思做。"

胡雪岩认为,掌握与运用机变与权变之理,在任何时候都注意给自己留下退路,这是一个高明的商人每一次出击之前都要深思熟虑的问题。

人的认识过程是无限的,但是人的认识能力却是有限的。正因为人的认识能力的局限性,才使得人们对事物的认识有限,使得人们考虑问题难以周全;另一方面,人在社会生活中的地位和处境是不断变化的,有些变化可以预见,可以把握,但更高更深的变化并非如此。因此,人在考虑问题时就应该多做几手准备,为自己留下退路。

生意场上瞬息万变,许多事情都难以预料,因此,再有本事、实力再强的人,都不敢说自己做生意从不会失手。生意场上几乎没有生意是可以不冒任何风险的,获利多少与所冒风险的大小成正比,生意规模越大,获利越大,风险也就越大。

承担着风险,就要做好"万一出事"的思想准备,因此,一桩生意投入运作之前,要想着为自己留下退路。

胡雪岩在他的生意由创业而至鼎盛的过程中,每桩生意的运作,都

既敢于冒险，也特别注意为自己留"后路"。

比如，钱庄生意主要是通过兑进兑出来赚钱。兑进，自然是吸收存款以作资本，而兑出则是放款。兑出是赚借贷人的利息，自然是利息越高越好；兑进要付出利息，自然是越低越好，最好是不要利息。

表面看来这种生意只要把握时机，随银价的起落浮动，调整好兑进兑出的利率，就可以稳稳当当坐收渔利。这种将本求利，平平淡淡的运作方式当然也可以维持，但终归不是做钱庄生意的"大手笔"。而要做出"大手笔"，兑进兑出都会有风险。

从兑出说，放出的款要高利收回，就要找大主顾。大主顾做大生意要大本钱，能有大利润也就不在乎借款利率的高低，向这样的主顾放款，自然收回的利也就高。但借贷者的生意获利越大，所担风险也大，款放给他们，自己也要担风险。万一对方生意失手，血本无归，自己放出去的款也就可能无法收回，一笔放款也就等于放"倒"了。

比如，在朝廷与太平军交战的兵荒马乱年月，米商借款贩运粮食，获利就极大。获利极大，风险也极大，放款给他们就不能不考虑考虑。

从兑进说，当然最好是有储户存款不要利息。这种情况不常见，但有些可以降低钱庄的经营风险。

比如，太平天国失败之际，接受太平军逃亡兵将隐匿私财的存款，太平天国被镇压之后，朝廷自然要追捕"逆贼"，按惯例也必要抄没他们的家产。万一追查"逆产"到钱庄，钱庄不能够不报不缴，不说还有可能被以"助逆"治罪，如果被捕的太平军遇赦开释，来钱庄要取回自己的存款，按规矩钱庄必须照付，这样一来也就必然要鸡飞蛋打吃"倒账"了。

兑进兑出都要冒险，也就都要事先想好退路。如在兵荒马乱的年月给贩运粮食的米商放款，胡雪岩自然也做，但他确定了一个原则，那就是要先弄清楚他的米要运到什么地方去。运到官军占领的地方，可以放款给他，但要是运到有太平军的地方去，就不能放款给他。这就是为自己留下退路。

因为放款让对方运米到官军占领的地方，万一放倒，别人可以原谅，自己不至于名利两失，还留有重新来过的余地，而如果放款让对方将米运到有太平军的地方，万一放倒，别人会说你帮"长毛"、吃"倒账"活该，那也就一点退路都没有了。胡雪岩也做了从太平军逃亡兵将"兑进"的生意，做这生意时，他也想好了退路，那就是万一官府追查，自己也有话可以对付："他来存款时隐匿了身份，头上又没有'我是太平军'的标志，我哪里知道他是逃亡兵将？"这样至少可以开脱自己，不至于走上连坐治罪的绝路。

概括起来说，为自己留下的"退路"应该具有两方面的作用：

第一，它应该是能够在万一出事之后还有部分挽回的余地，也就是一种能让自己东山再起的余地。有了这一余地，就可以使自己虽败不倒。用胡雪岩的话说，起码别人可以原谅你，败则败矣，但可以得到别人的原谅，自己"就还有从头再来的机会"。

第二，它应该是一种可以预见的风险的担保。也就是当可以预见的险情真的到来的时候，自己不至于没有应对的手段而举措失当。

胡雪岩一事当前总是很注意未雨绸缪，为自己留退路的。可惜的是，到后期，他在一些很大的事情上，却一方面由于客观情势的限制，一方面由于他管的事情太多而疏忽，更由于他自恃实力雄厚，反而把这一条驰骋商场必有的原则忽略了，以至于最后在挤兑风潮来到之时，终因无救而彻底崩溃。

胡雪岩认为，承担着风险，就要做好"万一出事"的思想准备，因此，一桩生意投入运作之前，要想着为自己留下退路。

戒暴虎冯河，要通晓退避

孔子是真正的成功学大师，他绝不会逞匹夫之勇，他的生存就是为目的服务的。孔子的学问中，智、仁、勇三个字是相连的，真正的大勇，一定有智有仁；真正的仁，一定有智有勇；真正的智，也一定有仁有勇，三者不能分开。

他认为一个人应是"临事而惧，好谋而成"。所谓临事而惧，就是为了不失败，所以要小心谨慎、考虑周详；等事情终于来了，则"好谋而成"，不再惧怕，运用智能，各方面都设想周到，促其成功，这才是成功人士的基本素养。

一个人的智慧不仅是看他能得到什么，还要看他能够放弃什么，有时放弃比争取更能见识出一个人的智慧。有的人为获取权力总是一味钻营，不给自己留喘息的机会，也许对于他来说得到这个权力可能不是好事，不能胜任，但有些人永远都不知自己真正想要什么。这就像长得难看的女人用大量化妆品，本来不浓妆艳抹还不会让人注意到她，因为这样作怪倒让她成了笑话。可一个女人能放弃打扮，那她得有相当的襟怀。因为没有一个女人觉得自己是真正的丑，也没有一个男人以为自己是真的蠢，所以世上才更多了很多平庸之人。

所谓权力与妆容都是面子的问题，有些人为了面子，恨不得为个虱子烧个袍子。刘备为报关羽之仇毁了自家江山，现在看来他不是讲义气，而是因为关羽的死伤了他的面子。本来刘备就不是个精通领兵打仗的人，但却逞一时之义气，最后把自己哭来的江山又送给了别人。当他是弱者时他还能得到好处，可惜他得到了别人打来的江山，却想到了自己那可怜的面子。

胡雪岩是真正领会儒家精神的商人，在刚出道时就显出非凡的气度。王有龄用胡雪岩捐助的五百两银子捐官成功后，回到杭州才得知胡雪岩为此丢了饭碗，落魄不堪，他倒是知恩图报要为胡雪岩洗刷恶名。他弄清了借据的内容、利息算法，立即就在海运局支了六百两银子，穿上官服，吩咐跟班备轿，让人准备鸣锣喝道，拉上胡雪岩一同去还钱。按他的想法，自然是要以自己的威风为胡雪岩扬一扬名，顺便也替他出一口恶气。

胡雪岩是个真正的智者，他拒绝了。他知道这才是万里长征第一步，绝不能在一开始就给自己树敌，他是商人不是小人。他不去的理由很简单，当初将他开除出信和的是张胖子，如果此时他和王有龄一同前往，势必让张胖子非常尴尬，大失面子，这是胡雪岩不愿意看到的事情。他不仅不与王有龄同去，而且还叮嘱王有龄捧信和几句，更不要告诉他们他已经见到了胡雪岩。这使王有龄对他的做法不禁赞叹道："此人宅心仁厚，至少手段漂亮。换了另一个人，像这样可以扬眉吐气的机会，岂肯轻易放弃？而他居然愿意委屈自己，保全别人的面子，好大的度量！"

胡雪岩知道自己想要的是什么，过去他能冒着风险给王有龄银子，可不是为图一时威风的，他要走得更远，因为长路漫漫，他一定要少给自己设障碍。

王有龄理解了胡雪岩的用心，单独去还这笔借款时，也做得漂亮。他特意换上便服，也不要鸣锣开道，且将官轿换成一顶小轿到了信和。由于信和当初就将这笔五百两银子的单子当做一笔收不回来的死账，因此他们也没把胡雪岩代王有龄写的借据当一回事，不知随便扔到哪里去了，此时王有龄来还钱，居然遍找不到。当钱庄张胖子将此情况据实相告之后，王有龄不仅没有为难他，而且二话没说，拿出该还的连本带息五百五十两银子，只要求对方写一个已经还清的凭据，至于原来的借据，以后找到，销毁就是了。

商场上保全别人的面子，退避一种强势，就是给自己修一条坦途。所谓"饶人一条路，伤人一堵墙"，说的就是这个道理。

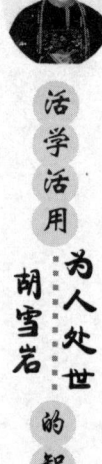

有时风光是一种诱惑，问世间又有几个人能抵得住这种诱惑呢？有时我们为了诱惑付出了怎样的代价呢？圣经里诱惑是那枚苹果，莫泊桑笔下就成了玛蒂尔德那串要她付出十年青春和劳作的项链。这两个错误都是女人犯的，但在商界却是有那么多男人要金钱要荣耀，注意我这里是说荣耀而不是荣誉，荣耀是用来炫耀的，可冥冥中总有一双手在掌控着世界，从没让那些不切实际的炫耀得逞过。

现代企业的经营也是一样，俗话说"罗马城不是一日建起来的"，一日建成的罗马肯定是不值得欣赏的。企业的成功需要付出艰苦的努力，绝不是三两日之内就可以达到的。在企业发展的道路上，时时都会面对许多诱惑，若经营者没有足够的耐力和毅力，急于求成，轻率行事，不但目标难以达到，而且还有可能前功尽弃，付出惨痛的代价。

有些企业容易犯的错误就是一味追求响亮的名气，认为名气有了，一定会带来财富。而他们对财富的追求又过于急功近利，因为让太多人急于想得到财富，而不是想要为赢得财富建设一座稳固的基础。他们对于财富的认识大多是要以冒险精神来获取，但又少了鲁滨逊那种快乐的精神，最后只能是欲罢不能，反噬自身。

舍小趋大，以退为进

古人云：忍一时之气，免百日之忧。又云，退一步，海阔天空。人生在世，有时候难免不如意十之八九。苏东坡一生坎坷，屡遭贬斥，终身不得志，清人金安清为之题写了一副长联，上联曰："一生与宰相无缘：始进时，魏公误抑之，中岁时，荆公力扼之，即论免役，温公亦深厌其言，贤奸虽殊，同怅军门违万里"；下联曰："到处有西湖作伴：通判日，杭州得诗名，出守日，颍州以政名，垂老投荒，惠州更寄情于佛，江山何幸，但经宦辙便千秋。"

"魏公"即韩琦，"荆公"即王安石，"温公"即司马光。这副对联道尽了苏东坡一生的坎坷波折。苏东坡人生逆境重重，得以"诗名""政名"千古不朽，就得益于心中"退一步海阔天空"的解脱。因此，为人处世还要懂得必要时需"忍"，"忍"有时可以减少许多不必要的麻烦。

古话说"小不忍则乱大谋"，是说小事情不能忍让，可能会败坏大事业。在《论语·颜渊篇》中有这么一句话："一朝之忿，忘其身，以及其亲，非惑与？"苏轼的《留侯论》中也说："匹夫见辱，拔剑而起，挺身而斗，此不是勇也。"这种匹夫之勇，往往坏就坏在这个"忍"字功夫太浅。像《水浒传》中的李逵，为什么闯祸极多，就是因其性情暴躁，不能忍受小辱。

当一个人的地位过高，权力过大的时候，必定会遭到外力的制约，所谓"高树易悲风"，说的就是这个道理。

唐朝名臣郭子仪，凭借简简单单两个字——"忍"和"慎"，就做

了四朝红人。当时,鱼朝恩是皇帝身边的宦官,他虽没有什么才情,但很善于溜须拍马,所以深得皇帝宠幸。他对郭子仪的才干和权势十分妒忌,多次在皇帝面前打"小报告",诽谤攻击郭子仪,但是都没有成功。一气之下,竟暗中派人盗挖了郭家的祖坟。

郭子仪自然知道这是鱼朝恩的卑劣伎俩,当时他身任天下兵马大元帅,手握重兵,可以说一举手一投足,都关系着大唐帝国的兴亡,连皇帝都要敬他三分,要除掉鱼朝恩,可谓不费吹灰之力。

当他从前线归来时,满朝公卿都以为他必将有所行动,谁知郭子仪却对皇帝说:"臣带兵多年,不能禁止部下的残暴行为,士兵毁坏别人墓坟的事也不少,我家祖坟被掘,这是臣不忠不孝、获罪于上天的结果,并不是他人故意破坏。"

祖坟被挖,历来都被视为一种奇耻大辱,但郭子仪却能隐忍下来,足见他的气度之大。也正是因为他能屈能伸,他才能在那个奸佞横行、国君昏庸的时代,逢凶化吉,度过一次次的政治争斗,享尽富贵,以八十五岁的高龄,安然辞世。

有退才有进,"卷土重来"一定会有一番新的天地。胡雪岩一生中,无论在商场中,还是在官场中,待人接物都能做到主动忍让,成就大局。他认为"留得青山在,不怕没柴烧。忍一时之气,可以成就一世,未尝不是一件幸事。"其中最值得品味的是他对张秀才的拉拢和成全。

张秀才在杭州城中是一个以欺软怕硬著称的无赖,他凭借着狡猾的手段和蛮横的态度,常常让人无可奈何。然而,就是这样一个无赖,却因为一件事情对胡雪岩怀恨在心,从此便与胡雪岩处处作对,让他在杭州的日子过得颇为艰难。

当时,胡雪岩回到杭州,恰逢收复杭州的关键时刻。他知道,要想成功收复杭州,必须有一支可靠的内应队伍。而张秀才,作为杭州城中的地头蛇,无疑是最佳的人选。然而,要收服这样一个无赖,并非易事。胡雪岩深知,要收服人,首先必须摸透此人的脾气。于是,他把这个任务交给了刘不才,让他去调查张秀才的底细。

刘不才不负所托,经过一番调查,他发现张秀才这个人天不怕地不怕，唯独怕他的儿子小张。这个发现让胡雪岩眼前一亮，他决定从小张的身上打开缺口。他让刘不才在赌场上关照小张，逐渐获得他的好感。同时，他还托刘不才给张秀才带去消息，让他准备好自己的前途，并送去了保举书，承诺事成之后为他保举一官半职。

张秀才原本对胡雪岩心存芥蒂，但看到胡雪岩如此重视自己的儿子，还愿意为他保举官职，心中的怨恨顿时烟消云散。他开始重新审视胡雪岩，发现这个人不仅聪明能干，而且心胸宽广，能够包容别人的过错。于是，他逐渐放下了心中的成见，开始与胡雪岩合作。

在蒋益澧攻城之时，张秀才父子因为打开城门迎接官军有功，小张获得了一张七品奖礼，并被派为善后局委员。而张秀才也因为这次的功劳，得到了胡雪岩的赏识和重用。他不再是那个无赖，而是成为了杭州城内的一位重要人物。

胡雪岩以大局为重，先委屈自己，忍一时之气，派刘不才从张秀才之子小张入手，晓之以利害以求一事之全。他明白，在商场上，个人的恩怨和纷争并不重要，重要的是大局的利益和长远的发展。只有以大局为重，才能够化解一切误会和分歧，实现共赢。

商人做生意，最重要的是打开局面。胡雪岩深知这一点，因此他愿意放下身段，去结交那些看似不起眼的人。他明白，只有与人为善、广结善缘，才能够在商场上立于不败之地。而他收服张秀才和小张的经历，正是他这种商业智慧的体现。

从表面上看，胡雪岩似乎赔了一些小利，但实际上他却赢得了更大的利益。他不仅成功收复了杭州，还收服了一个得力的帮手小张，与他一起处理杭州城内的善后事宜。这种舍小利而求大利的做法，正是胡雪岩作为一个杰出商人的独特之处。

胡雪岩的智慧并不仅仅体现在商业决策上，他同样注重人际关系的处理。他深知，商场如战场，但更是一场复杂的人际关系较量。

他始终坚持与人为善的原则，即使在面临困难和挑战时，也从不轻易放弃与他人的合作和沟通。

在收复杭州的过程中，胡雪岩不仅展现了出色的商业头脑，更展

进退——以退为进 海阔天空

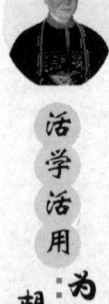

现了他卓越的人际交往能力。他能够准确判断每个人的性格和需求,从而采取最合适的策略来与他们建立联系。无论是与刘不才的默契配合,还是与张秀才和小张的巧妙周旋,都充分展示了他在人际关系处理上的高超技巧。

此外,胡雪岩还非常重视诚信和信誉。他明白,在商场上,一个人的信誉往往比金钱更重要。因此,他始终坚守诚信原则,从不欺骗或背叛合作伙伴。这种诚信精神不仅赢得了他人的尊重和信任,也为他带来了更多的商业机会和合作伙伴。

胡雪岩的成功并非偶然,而是他长期以来坚持大局为重、广结善缘、诚信为本的商业理念的结果。他的智慧和经验对于今天的商人来说仍然具有重要的借鉴意义。只有像胡雪岩一样,始终保持清醒的头脑、开阔的眼界和坚韧的意志,才能在复杂多变的商海中立于不败之地。

总之,胡雪岩收服张秀才和小张的故事告诉我们,在商场上,我们应该以大局为重,以长远的眼光来看待问题。只有这样,才能够化解一切误会和分歧,实现共赢和长久的发展。

变通

——随机应变 灵活经商

胡雪岩说:"用兵之妙,存乎一心,做生意跟带兵打仗的道理是差不多的……除随机应变之外,还要从变化中找出机缘来,那才是一等一的本事。"任何世事在其发展过程中都存在时机,只有抓住时机,及时选择、决策和行动,才能实现更高的效率,胡雪岩就是一个善于从变化之中寻找出机缘为己所用的高手。

见微知著，变中求胜

俗话说："时势造英雄"，时势与英雄的关系是辩证的。时势是英雄诞生的前提与环境，它为英雄的出世提供了可能性。如果想要成为真正的英雄，还必须学会善于借助时势的力量。胡雪岩之所以能够成为叱咤一时的红顶商人，就源于他对这个理论的深刻认识。

胡雪岩生逢乱世，但是某种意义上他是生对了时代。要知道在乱世只出两种人才，就是靠乱世取名和取财的人。

放在现在，胡雪岩只能算是一个能力强、好交朋友的仗义之士，但他却生活在一个甚至可以拿钱买官规则混乱的时代。他紧密关注着时势的发展，从一丝丝细微的变化之中寻找着问题的关键，进而寻找到可被自己利用的有利之处，将这种"势"加以转化，为自己谋得利益。

胡雪岩对时势进行细微的观察，每当看见细微的征兆，他会赶快预测可能产生的后果。预测的时候先想会坏到什么程度，自己能不能够承担，用什么方式来支撑；再想可以好到什么地步，有没有需要特别小心的地方。然后，在这最坏与最好之间寻找一条最有利的途径，全力以赴去争取好结果。胡雪岩从两手空空到开起一家闻名全国的大钱庄，靠的就是这种思想。

胡雪岩在经过谋划之后，曾做过一桩大胆而成功的生意，即接受失败逃亡的太平天国兵将的存款。要知道这是给逆贼存钱，是犯杀头之罪的，但他还是做了。这并不是鲁莽地为了赚钱不顾一切，而是他深思熟虑的结果。

在经过多年征战之后，太平天国此时已成强弩之末，朝廷虽还没有将其完全肃清，但胡雪岩料定他们已是必败无疑。向逃亡的太平军兵将融资，接受的存款可以不付利息，因为那些逃亡兵将只求能保住这些钱财，当时他们的钱已没有钱庄敢收了，所以根本谈不上付利息。而胡雪岩将这笔钱用来放债，则可以有大笔可观的进账，实在是一本万利的便宜买卖。

这笔钱主要是放给调补升迁的官员和逃难到上海的乡绅，这也是胡雪岩经过自己周密的考虑和长远的打算的结果。放款给调补升迁的官员，是学山西票号"放京债"的做法。所谓"放京债"，就是放款给那些外放州府的京官。这些人在外放过程中需在京城里打点一下，以便能再回来，还要上任盘缠、到任以后买公馆轿马、置仪仗，这些都要花钱。于是这些人上任之前都要借上一笔钱，到任后再还上。

据说"放京债"比放高利贷还狠，一万两的借据实付只有七千两，而且还不怕借债的人不还，因为一来有京官做保，二来有借据，如果赖账，借据递到都察院，御史一参，赖账的人就要丢官。其实这些人到任之后搜刮一通，基本上都有能力还回借款。

"放京债"当然是指放给那些由京里补缺放出来的官员，但这些年战乱不断，南北道路艰难，官员调补升迁，大多已不按常规到京"送部引见"，而是直接到任了事，江苏的知县调升湖北的知府，就可以直接由江苏赴湖北上任，但是这些人都需要一笔钱做安家银子。而这些人早一天到任，就能早一天开始搜刮，所以再高的利息他们也会借。胡雪岩只是帮帮他们的忙。

放款给由内地逃难到上海的乡绅，更不会吃倒账。这些人在原籍依赖祖宗留下的田产，靠收租过活，日子逍遥得很。初到上海，凭着逃难时带出来的一些银两细软，还能挥霍一时，但是时间一长，不免就要坐吃山空，也只好靠借债活命。但等到江、浙一带被官军收复，这些人回到原籍还是大老爷。现在可以让他们以田产做抵押，到时不怕他们不连本带利归还借款。

胡雪岩敏锐地捕捉到了时势的变化。在官军开始收复杭州时，他就知道太平军败局已定，并且准确预料到太平军官兵一定会想办法隐匿私

产，由此大胆决定吸收他们的存款，以达到融资、放债、以钱"生"钱的目的。

乱世之际民不聊生，但在乱世中总有一些人为自己找到了出路。从这个角度讲，这些人认为乱世好，因为发达的机会更多啊！但他们却忽略了很重要的一点，那就是从来都是太平盛世才是最适合人生存的。就像胡雪岩，他虽然在乱世发了财，但为了生意好做，后来他也做了很多帮助朝廷稳定局势的事情。

一个在和平年代不成功的人，在乱世就更没出路了。不是有句话叫是狼在哪都吃肉，是狗在哪都吃屎吗？这句话虽然粗俗，但是话糙理不糙。看人不要只是看结果，而是要看人的真正本事。

胡雪岩善于驾驭时势，还体现在他与洋人打交道这件事情上。随着胡雪岩生意的蒸蒸日上，与洋人的交往也日益增多，他也在交往中逐渐领悟到洋人不过是利之所趋，所以只可使由之，不可放纵之。

最后发展到互惠互利，其间的过程都是一步一步变化的。胡雪岩之所以能对整个时势有先人一步的了解和把握，就是因为他总是细心地观望着时局，所以总能先于别人筹划出应对措施。有了这一先机，胡雪岩就能开风气、占地利、享天时、逐己之利。

与那些一旦面临纷乱时势，便茫然无措的人们相比照，胡雪岩的优势一下子就显现出来。他先人一步从时势中找到了自己的突破点，处变不惊，从容应对，在乱世中为自己的发展创造了一个平台。

我们都清楚，时局对社会活动的影响是巨大的，商业活动尤甚。商场本就变幻莫测，再加上时局的左右，因此要想在生意上有所作为，就必须有见微知著、因势利导的本领。一个人身处逆境并不可怕，只要他能观察思量好身边可利用的条件，即使什么都没有时能够为自己创造条件，那么同样在机遇面前，就能快人一步。

活络经商，巧打擦边球

我们知道，胡雪岩是"官商"结合的典范，与官府打交道肯定是懂法的，更应该守法，所有的官和商可都是盯着的。但是，在不改变法律形式的前提下，却可以变法律为己所用，这一谋略真是登峰造极。

胡雪岩说过："犯法的事，我们不能做，不过，朝廷的王法是有板有眼的东西，他怎么说，我们就怎么做，这就是守法。他没有说，我们就可以照我们自己的意思做。"胡雪岩主张的是只有守法才能用法，才可以适当地打一些"擦边球。"

钱庄本来就是以钱生钱的生意。胡雪岩与张胖子筹划的吸收太平军逃亡兵将的私财，向得补升迁的官员和逃难到上海的乡绅放款的"买卖"，的确是一桩一本万利的好买卖——得来的存款不需付利息，而放出去的款子却一定会有进账，岂不就是一本万利？

可是张胖子不敢做这笔生意。张胖子有张胖子的道理，他认为，按胡雪岩的做法，虽不害人，但却违法，因为太平军兵将的私财，按朝廷的说法无论如何应该算是"逆产"，本来是朝廷追缴之列，接受"逆产"代为隐匿，可不就是公然违法？

然而胡雪岩却不这样看。胡雪岩也有胡雪岩的道理。在他看来，犯法的事情自然是不能做的，但做生意要知道灵活变通，要能在可以利用的地方待机腾挪。

比如，朝廷的王法本来是有板有眼的东西，朝廷律例怎么说，我就怎么做，不越雷池一步，这就是守法。而朝廷律例没有说的，我也可以按我的意思去做，王法上没有规定我不能做的，我做了也不能算我违法。

他的意思很清楚，不能替"逆贼"隐匿私产，自然有律例定规，做了就是违法。但太平军逃亡兵将绝不会明目张胆以真名实姓来存款，必然是化名存款的。朝廷律例并没有规定钱庄不能接受别人的化名存款，谁又能知道他的身份？既然不知道他的身份，又哪里谈得上违法不违法呢？

胡雪岩的说法很有些为我所用的诡辩，但也确实透出他头脑的灵活和手腕的不凡。胡雪岩的说法和做法，用我们今天的一种说法，也就是所谓打"擦边球"，说穿了，也就是在法令法规不尽完善的地方钻"空子"。

不过，从事过商业活动的人都知道，打"擦边球"有时确实也是一种很有成效的商业运作手段，特别是在市场经济形成初期，在市场还处在由无序化向有序化发展的阶段，有魄力有头脑的经商者，往往能够借助打"擦边球"的手段，使自己在激烈的商战中保持主动的和领先的地位。循规蹈矩，有关法令法规规定不能做的不做，在两可之间，可能担几分风险的事情又不敢做也不知道怎样去做，这样的人，恐怕很难在商场上做出大成就。

但是有一点需注意，可以打"擦边球"，甚至还要敢于打"擦边球"，但"起板"打"球"的人必须先弄清自己确实是打"擦边球"而不是"界外球"。"擦边球"是好球，而"界外球"则无论如何都是坏球、臭球，商场上一旦打了臭球、坏球，不仅仅是失分的问题，常常是悲惨地出局。这里有一个"度"的把握，其中机理，实在只可悟而不可言。

以变应变，才有出路

成大事者必须灵活如脱兔，不断地变换自己的位置和做事的角度，以便让自己处于优势之中。但是话虽如此，可有些人在这方面却很难开窍，总是死守一点，不够活络，所以越做越差。而胡雪岩却善于变通，他能审时度势改变自己的做事手法，达到最终获利的效果，同时还能另辟出路，有出奇制胜之功。

做生意要以变应变，主要的意思是指不要死守一方天地，而要能根据具体情况做出灵活反应。一个生意人如果只能看到自己正在经营的熟悉的行当，最终只会是抱残守缺，连正在经营的行当都不一定经营得好，更不用说为自己广开财源了。

胡雪岩的生意做得活络，在驰骋商场一步步走向鼎盛的过程中，他灵活机动，四处出击，真可谓是一步一个点子，一路一趟拳脚，一动一套招式，而招招式式都能为自己点化出一条财路。

胡雪岩为自己的蚕丝生意和帮办王有龄湖州官府的公事，几下湖州，结识了湖州颇有势力的民间把头、当时正做着湖州"户房"书办的郁四。胡雪岩凭着他的仗义和识见，也因为他帮助郁四妥善处理了家事，深得郁四敬服。

为了报答胡雪岩，郁四做主，为胡雪岩娶了寡居的芙蓉姑娘做"外室"。芙蓉姑娘家原来是开药店的。胡雪岩一定要认了这门亲，就是看准了芙蓉姑娘家的祖传秘方。

胡雪岩经商手法活络，他才不会固守着钱庄这一种行当，在乱世中，他一下就看出药店生意将是一个相当不错的财源：其一，军队行

军打仗，转战奔波，一定需要防疫药；其二，大战过后定有大疫，逃难的人生病之后要救命药，只要货真价实，创下牌子，药店生意就不会有错。

而且，开药店还有活人济世行善积德的好名声，容易得到官府支持，在为自己赚钱的同时，还能为自己挣得好名声，何乐而不为？自己不懂这行生意不要紧，可以借助行家为己效力。想妥这些之后，胡雪岩请郁四帮忙，摆了一桌"认亲"宴，就在这认亲宴上便谈妥了药店开办的地点、规模、资金等事项。

胡雪岩的"胡庆余堂"也就这样立起来了。在其后的几十年中，"胡庆余堂"成为名闻天下的老字号药店，素有"北有同仁堂，南有庆余堂"之说。胡庆余堂药店不仅成为胡雪岩的一个稳定财源，也为他挣来了"胡大善人"的好名声，为他的其他生意也带来了极好的影响。

一个钱庄老板，在本业之外还要去做蚕丝生意"销洋庄"，在做着蚕丝生意的时候又想起开药店，胡雪岩这四面出击，不断为自己广开财源的灵活手段，确实不能不让人叹服。

事实上，做生意最没出息的，大概就是死守着一方天地。一笔生意再大，也只能有一次的赚头，一个行当再赚钱，也只是一条财路。因此要广开财源，生意才有更大的发展。

胡雪岩说，做生意要做得活络，这里的活络，自然包括很多方面，但不死守一方，灵活出击，而且想到就做，绝不犹豫拖延，应该是"活络"二字的精义所在。

灵通应变，维护大秩序

有道是："灵活变通是最好的生意经。"对于善于变通的生意人来说，这个世界上没有挣不了的钱，只是暂时没有找到合适的办法而已，所以善于变通的生意人只有一个归宿，那就是成功。

胡雪岩从商业经验出发，认为社会要想存在，必然有一个秩序的核心。这一核心起作用与否，全看我们一般人的态度。

假如我们投注力量，加以维护，那么这个核心秩序必然是有效的，其生发的秩序，使我们每一个人受益。假如我们人人自危，对这个核心也采取瓦解之态度，那么秩序必然无效，社会也自然堕入一种无序状态，而一个无序的社会，对我们任何一个人都是不利的。

基于这一认识，当太平军起事时，胡雪岩并不认为这是一个可以乘机捞一把的好机会。在他看来，浑水摸鱼，只是因为水是混浊的，才让人侥幸有所获。倒过来想，胡雪岩认为自己应该替官府维护秩序，秩序建立起来了，自己也有一个从事商业的好环境，官府感谢自己，也会给他提供好多便利。

故而胡雪岩提出，他的当务之急是帮助官府打太平军，而不是今天从太平军那里捞一把，明天从官府那里捞一把。因为这样的话，两面都面临信任危机，太平军怀疑你与官府有勾结，官府怀疑你替太平军着想，商业最重要的是一个信用，信用丢了，生意就做坏了。

出于同样考虑，当清政府发行官钞时，胡雪岩做出了与钱业同行不同的选择。同行们都认为，太平军近在眼前，政府的可信度大打折扣。如要今天我接了这官钞，明天没有人要，兑换不出去，那就烂在手上，

白白损失。

胡雪岩的看法不同。按他的分析，朝廷毕竟大势还在，尽管朝廷遇到了许多麻烦，不过社会要想运转，还非得靠现在这个朝廷不可。况且朝廷的信用是大家做出来的，人人出来维护，信用自然就好。所以别人不理这官钞，胡雪岩却要接。不但自己接，还动员别人接，并且以自己的信用作保。

帮助官府，就是胡雪岩善于处变的体现。胡雪岩这种看法，符合商业的一般原则。任何一个商人都要求稳定。商人可以面临纷乱的局面不顾生死去求取利润，但这种纷乱局面却不是商人的愿望。任何一个商人都希望在一种平静的气氛下进行风险最小的投资，以求得利润最大。更何况当时的清廷，基本结构还在，所受的只是猛然一击，但却并不致命。

对于清廷旧制，胡雪岩还有另外一层看法。许多人只是畏惧官府，没有想到驾驭官府。胡雪岩一开始倒未存驾驭官府之想，但是在他帮助王有龄升官之后，他逐渐发现自己借王有龄获得的便利甚多。首先，因为有了官府之流转金作依托，资金周转便利；其次，发现官府的好多事自己可以以商业活动的模式完成，既减少了官僚办事的低效，自己也赚取利润；第三，自己借了官府之名，能做到许多以商人身份很难涉足之事。

所以后来胡雪岩对于利用旧制有了信心。一开头他并不愿捐官，认为生意人和做官的人在一起别扭。后来想法变了，既然官府与生意有千丝万缕的联系，那就不妨捐官，涉入官场。这样做其实也是经商手法活络的一种表现。

胡雪岩在人们心目中，其最大特点就是"官商"，也就是人们说的"红顶商人"。这"红顶"很具象征意义，因为它是朝廷赏发的，戴上它，意味着胡雪岩受到了皇帝的恩宠。事实上，它意味着皇帝肯定了胡雪岩所从事的商业活动的合法性。既然皇帝是至高无上的，皇帝所保护的人自然也不应受到掣肘。换一种说法，皇帝的至高无上也保证了被保护人的信誉。所以王公大臣才能很放心地把大把银子存入阜康钱庄。

胡雪岩一方面获得了信用，另一方面也清扫了在封建时代无所不在的对商人的干预，所以才能让他如同一个真正的商人那样去从事商业活动。

对于太平军，胡雪岩的应对又有不同。

有许多商人，洪杨起事后，他们抱了投机的心理，想乘机捞上一把。所以他们就失去了准则和理念，只图一时的利润。这样做无异于自毁信用。到头来，太平军也不信任他了，因为他是依顺官府的；官府也不信任他了，因为他曾暗通太平军。

胡雪岩的原则很明确，太平军的口号不得人心，总是长久不了的。所以必须帮助官府打太平军，以维持一个大秩序。

不过胡雪岩对于因为洪杨起事而自己纷扰不安的一般人，却还有一层同情。在胡雪岩看来，太平军起事，有好多老百姓都是被迫卷入这场纷乱中的。

有了这种同情，胡雪岩对他们也就不那么苛刻了，他能以同情心对待，愿意以自己的商业活动，给他们一个再生之希望。

当然也可以说，胡雪岩这里边有商业的动机在。不过，如果不是有这种同情，胡雪岩就不会看得那么深，他对这些人手头的银子就会唯恐避之不及。因为很显然，这些人是与太平军有染的。

但是胡雪岩不这么看。与太平军有染，没错。不过要看是什么原因，什么姿态。这些人都是些老实的百姓。自己不吸收他们的存款，他们就不得不把它们给太平军用，否则就可能被无理的官差劫掠走。这样于秩序无益，反倒有害。

照胡雪岩的看法，就是商人对客户讲信用，对朝廷讲良心。两者对象不同，原则不同，假如各行其是，各司其职，整个社会便井然有序。否则就只会增加混乱，而于事无补。

胡雪岩的这种灵活的思路，保证了他对所有可能不受官府严格控制的私人财产的吸纳。一些人愿意存于阜康，除了上述的信用好以外，就是看中了胡雪岩在经营钱庄时，坚持钱庄只管吸款，不问款项来源的原则。款项来源的正当与否是款项持有人和官府间的事。

在现代，是财产持有人和法院间的事，而不是财产持有人和银行之间的事。胡雪岩的过人之处，就在于不因为怕官府，以至于不敢按自己

的思路经营，而是理清思路，放手去做。

对于洋人和洋务，我们在前边已经有所交代。胡雪岩因为身处沿海，最先看到洋人的船坚炮利，最先与洋人打交道，自始至终，胡雪岩商业利润中很大一部分，都来源于他从事购买军火、购买外国机器、筹借洋款的活动。这种对洋人的态度还成了他依附官府，维持社会大秩序，最终开拓出一个经营好环境的资本。

萧伯纳说："聪明的人使自己适应世界，而不明智的人只会坚持要世界适应自己。"成大事也是同样的道理。没有听说哪个抱残守缺、止步不前的人，可以先拔头筹；也没有听说哪个立志求新、应变而起的人，没有取得成功。

我们所处的时代，无时无刻不在发生着变化，不适应它是无法生存的，只有随时随势而变，才能够跟上潮流，不被时代所抛弃。

人才

——求仁得仁 以人为本

只要有着以人为本的思想，就不会错失人才，经商和治国一样需要大量的人才，而只有那些富有人格魅力的人才会让人拥护。胡雪岩就是这样一个有着强大人格魅力的人，在穷困时也在帮助别人，这是一种气魄，因为这种气魄，在他的身边聚集了许多的能人，他知道只有人才才是真正的财富。

用人也是"一分钱一分货"

古今成就大事者都离不开三个关键要素：天时、地利与人和。对于胡雪岩来说，晚清时期的社会环境，为他提供了官商结合的天时；王有龄在浙江官场的步步高升，让他占足了地利的好处。如果仅仅限于这两点，胡雪岩也能发财，但绝对成不了"震古烁今"的大商人。因此，胡雪岩要想更上一层楼，除了取官势外，还要取人势，求人和。

商场上的竞争与其他任何行业的竞争一样，说到底都是人才的竞争、智力的竞争。因此，选择帮手便显得异常重要。帮手选得好，事业成功的把握就大，而一旦用人不当，后果常常不堪设想。因为用错一个人，往往会坏了自己辛辛苦苦打下的整个江山。从这个意义上说，一个要想在商界成就一番大事业的人，其最大的本事，应该就是能识人、会用人。

用人的学问博大精深、奥妙无穷。"得一人而得天下，失一人而失天下"。孟尝君能用"鸡鸣狗盗"之徒，成狡兔之窟，躲过杀身大祸；刘邦能用张良、萧何与韩信，从一介布衣变成了高祖皇帝；曹孟德能用人，削平中原；袁绍不能用人，导致官渡惨败；唐太宗能用人，成贞观之治；唐明皇不能用人，酿成安史之乱……这样的事例古往今来不胜枚举。能不能用人，大则关系国家兴亡，小则决定个人成败。"一个人最大的本事，就是能用人"，最初是王有龄在时来运转、漕米难题圆满解决之后的一番感悟。后来，在胡雪岩功成名就，成为富可敌国的"红顶商人"后，古应春又对"胡财神"发自内心地说："一个人最大的本事，就是能用人。小爷叔最会用人。"

事业鼎盛时期，胡雪岩的钱庄遍设杭州、宁波、上海、武汉和北京等地，典当行开了二十多家，胡雪岩自身还要兼理丝茧、军火生意，手下分号的用人自然成了头号问题。为了让更多的人"帮"自己，胡雪岩不拘一格选拔人才，只要有所长，即大胆使用。

如小船主老张，老实忠厚，人缘好，其妻对丝茧业较为熟悉，胡雪岩就投资一千两白银聘他做丝行老板。刘庆生本是一个钱庄站柜台的伙计，但人很精明，是可造之才，胡雪岩就用他当阜康钱庄的"档手"。

胡雪岩不仅善于识别、选拔人才，而且还能根据他们的专长，让他们各司其职，并充分信任。老张当丝行老板，为人老实，才能有限，胡雪岩却一再鼓励他大胆去干。刘庆生当阜康钱庄"档手"，胡雪岩就放手让他独当一面，并不过多干涉刘庆生的经营。对伙计的信任，使这些伙计能留住心，并发自内心地愿意替胡雪岩效力。

在对外部人员的利用上，胡雪岩也是巧借东风的高手。或以情动人，或以理服人，或以利诱人，胡雪岩均能恰到好处地打动对方，从而能够得到对方的帮助与合作。

在用人问题上，白璧无瑕、文武全才者固然是最理想的人选，但"金无足赤，人无完人"，现实生活中往往会出现鱼和熊掌不可兼得的情况。这个时候，到底是用"有暇之玉"还是"无暇之石"，就完全看用人者的眼光了。

胡雪岩在经营管理中，非常善于用人之长，客观待人，他认为用人要做到"德看主流，才重一技"。下面这件事可反映出胡雪岩的用人之道。

有一次，胡庆余堂的一个采购人员，不小心把豹骨误作虎骨买了进来，而且数量还不少。进货阿大以为这个采购人员平时做事很牢靠，加上自己手头正忙，未加详察便把豹骨直接入库备用了。有个新提拔的副档手得知此事，以为又有晋升机会了，就直接找胡雪岩打"小报告"，胡雪岩当即亲自带人到药库查看了这批药材，发现确实把豹骨误作虎骨了。

胡雪岩对进货阿大说："你知道什么是生命之源吗？它指的是我

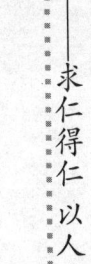

们的衣食父母，我们能把假药、次药用来欺骗我们的衣食父母吗？"然后，就命药工将豹骨全部烧毁。眼看由于自己工作失误带来的巨大经济损失，进货阿大羞愧地向胡雪岩递了辞呈。不料，胡雪岩却温言相劝，说："忙中出错，在所难免，以后小心就是。"那位阿大心怀感激地对胡雪岩说："烧了这些药，您心里踏实，我们也可以引以为戒。"

摆平了阿大失察这件事，那位自以为举报有功、等着奖赏的副档手，正在美滋滋地偷着乐的时候，突然接到了胡雪岩发来的一张辞退书。胡雪岩不仅没有奖赏他，反而炒了他的鱿鱼。因为在胡雪岩看来，身为副档手，发现伪药不及时向进货阿大汇报，已是渎职，而背后打"小报告"更是心术不正，继续用此人，肯定会后患无穷。

关于用人，胡雪岩曾有一段非常精彩的概括："眼光要好，人要靠得住，薪水不妨多送，一分钱一分货，用人也是一样。"

生活中我们常常看到有些商人，在开辟一项新的业务，或做一项新的投资时，可以毫不犹豫地拿出大把的钱来，但在招揽人才和使用人才上却做不到如胡雪岩一样的慷慨大方。这倒并不是完全因为这些人真如法国喜剧作家莫里哀笔下的"吝啬鬼"阿巴贡一般小气，而是因为他们也有自己看似合理的想法。

比如，他们认为人心并不是金钱所能买到的，与雇员之间的交往，只要待之以诚即可，不必在乎付酬的多少；再比如，他们认为雇员报酬多寡应当以经营效益的好坏来定，所谓个人收益与经营效益挂钩，效益好雇员可以多得，效益不好雇员自然不该多得。

这些想法不能说没有道理，实际工作中也确实会有收效。但往深处看，这其中隐藏着极大的留不住人才的危机。要广揽人才、收服人心，待之以诚当然是必须的，但如何显示自己的诚意却大有文章可做。用人于商场搏战就是用人给自己挣钱，别人给你挣来大钱却不肯付以重酬，诚意又从何显示？而以经营效益为付酬多寡的依据，则更是一种不能待人以诚的做法。

因为第一，以效益好坏为付酬多寡的依据，实质上是以自己所得的多寡来决定别人所得的多寡，这本身就给人一种你仅仅以自己利益为出发点的印象，难以待人以诚；第二，经营效益的好坏，原因可能是多方面的，如市场的好坏以及作为老板决策的正确与否，都将是影响经营好坏的直接原因。因此，以效益为付酬依据，不可避免地会将那些不为人力所左右的客观因素，或自己决策失误造成的损失转嫁到雇员身上，这就更谈不上待人以诚了。

胡雪岩用人从来都是不惜付以重金。在他看来，用人就如以钱买货，"一分价钱一分货"，货好价格自然就高，值得重金相聘的人也必是忠心得力的人。同时，胡雪岩也从不以自己生意的赚赔来决定自己手下人报酬的多寡。无论赚钱与否，即使自己所剩无几甚至吃"宕账"，该付出的也绝对一分不少。

比如，他的第一笔丝生意做成之后，算下账来，该打点的打点出去，该分出的"花红"分出去之后，不仅自己为筹办钱庄所借款项无法还清，甚至还留下了新的债务，就他自己来说，等于是白忙活了一场。但该给自己的帮手或合作伙伴古应春、尤五等人的"花红"仍是爽快照付，绝没有半点儿犹豫。

胡雪岩在生意场上有极响亮的"够交情"的名声，无论黑道白道都把他看做是做事漂亮的场面人物，愿意帮他做事或与他合作，这与他花钱出手大方是分不开的。胡雪岩在用人的问题上从来不吝惜钱财，充分显示出他对人的一种真正的尊重。

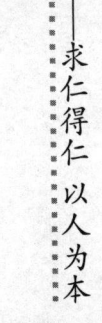

察其所能，量才而用

人无完人，各人有各人的优劣。战国时期孟尝君的门客鲁仲连就说过这样的话："让猿猴离开树木跳到水中，当然就不如鱼鳖；要论钻墙跳房，老虎不如狐狸；让勇士抛掉宝剑去拿锄头，必不如农夫。"如果想成大业而又不能发现良才，那只能说明此人不够聪明。世间没有绝对的废物，关键是看如何利用。

用人之所长，是胡雪岩用人的一条重要原则。在他看来，用人不是按此人有多杰出来看的，而是要充分利用其特长。世间没有完人，但也没有一无是处的人。会用人的人只是让有一定特长的人做好他分内的工作，这才是能识人之人呢！

能识人比会做什么更重要，谁都知道项羽是盖世的英雄，但他为什么没有打赢市井无赖刘邦呢？因为刘邦会识人，而且也能用那些能识人之人，他做的只是坐享江山。

胡雪岩也是这样，他开钱庄、开当铺、开药店，所用之人皆是个中高手。如果胡雪岩不是一门心思赚钱，而是用心搞政治，那他的前途也许不会比左宗棠、李鸿章差！

太平天国运动期间，杭州城曾被太平军占领，后来清军很快又收复。胡雪岩寒夜里不能入眠，听着远处传来"笃、笃、当……"的打更之声，更是涌起万千感慨，杭州城在这兵荒马乱的年代都变过，惟有这个更夫没有变过，夜夜打更，年复一年从未间断过，感受着世间万物沧海桑田，但打更还在那笃笃依然啊！

胡雪岩脑海中突然灵光一现，发现这个更夫是个很了不起的人，能在乱世还守着自己那种责任，觉得这个更夫是个可用之人。这样一件无趣之事他都能一本正经地坚持做下来，并且兢兢业业，从某种角度来说他确实是个难得的了不起的人。如果雇用他去巡守仓库，一定会做得非常好。

第二天，胡雪岩就去把他找来，让他做仓库的总巡视，这个更夫果然尽职尽责，从没让胡雪岩的仓库出什么差错。一个更夫可以说是最没本事的人了，他只是给大家计算时间，如果说他的用处，那他至多和我们现在的钟表时针一样，连分针都不是。可这是一个守责的人，他知道自己是做什么的，这是最难得的品质。

一个人的用处就像一块砖，他可以不被重视，只要他始终能做到是一块合格的砖就可以，接下来的只是等待用砖的人而已。而一个识才之人就是要在众多的杂物中发现这块砖，使它变得有用，让它发挥作用。

说起来，胡雪岩的身边有很多优秀的人才，但如果他自己不能正确使用这些人才，处置不当，不能做到"随才量力"的话，这些人不但对他的事业无益，恐怕还会有所妨碍。但他就是能根据个人能力和专长给每个人安排合适的位置，这样一来使得人尽其力，最大限度地发挥了这些人的作用。

如陈世龙年轻、悟性高，胡雪岩就安排他做自己生丝生意方面的帮手，还要求他学外语，以便将来和洋人打交道；老张为人本分，胡雪岩就让他当丝行老板；古应春懂外语，了解洋人的一些习俗和洋行的规矩，善于和洋商打交道，胡雪岩就让他打理外事，如贩卖军火、买卖生丝等；尤五掌控漕帮，熟悉黑道规矩，胡雪岩就让他主持杭州经松江到上海一路的丝、粮水运；朱福年对典当行业非常熟悉，胡雪岩就让他全权代理典当行；黄仪是丝行的"档手"，为人精明，文字功底好，胡雪岩把他安排在自己身旁做文书。这些人都在他们的专业上得到了最大的发挥。

胡雪岩在飞腾的起点上就展露出其独到的识人才能，在王有龄身上的投资可不是每个人都做得到的，不仅在王的身上，就在他发达以后，只要他能帮助人并能为自己所用，就提供给别人一份机会，别人的每一

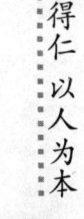

种专长成就了他的全能。这种全能使他能处处为人着想，结果又使自己在生意上处处得人相助，终于成就了一番伟业。

不能因为自己的无知就不任用那些有才之士，一个真正聪明的人会尽力结交比自己更有能有力的人，只有这样才能让自己有所提高，所谓人往高处走，顺乎自然趋势。如果朋友们都不如自己，那这个人的人生可能也就到此为止了，不会再有大的起色了。如果真是群居终日，而言不及义，那样的生活同样既无趣也无成功的可能。

用人不要光看面子

久经沙场,见过世面,在商场的搏击中积累经验、磨炼出良好的心理素质和不凡的身手,能处变不惊,反应敏捷,举重若轻,有运筹帷幄的本事,这样的人才要靠自己的眼光去发现。

看了人再用,不要光看面子。这是胡雪岩用人的一个重要原则。

刘庆生接受胡雪岩的延聘,做阜康钱庄的档手。他上任伊始,就是筹备钱庄开业事宜,这其中一件重要的工作,自然是招聘钱庄伙计。

招聘伙计是一件大事,当然不能不请示胡雪岩。按胡雪岩的原则,既然已经聘用了刘庆生,就尽管放手让他自己做主,因此,他在回答刘庆生时,既没有提出任何具体人选,也没有摆什么具体要求。他知道刘庆生在杭州钱庄同业做事已经有些时日,一定有自己的熟人、关系,所以只是给了他一个大的原则,即"看了人再用,不要光看面子"。

这是胡雪岩对刘庆生的一个提醒。

谈生意,要动嘴;做生意,要动手;跑生意,要动腿。商业经营活动是实实在在的、操作性很强的事情,是智力才干的高度运用。没有良好的才识,在商业活动中是难以立足的。可以说,做生意既是才识的发挥,也是智力的竞争,对于经营者来说,最重要的是能拥有为我所有、为我所用的各方面的人才。

胡雪岩以他自己独到的眼光,认识到人才在商业经营中的重要性,因而不惜代价地挖掘、笼络人才。他眼里的人才,首先是要眼光好。所谓眼光好,就是运用丰富的知识,敏锐地观察、捕捉信息,抓住机遇,大胆迅速地做出恰当的判断只有如此,才能在充满风险、复杂多变的生

意场中占据主动地位。

但眼光手腕俱备的人才是很难得的，"千军易得，一将难求"。除了要有高智商的良好素质外，还要久经沙场、见过世面，在商场的搏击中积累经验、磨炼出良好的心理素质和不凡的身手，能处变不惊，反应敏捷，举重若轻，有运筹帷幄的本事。这样的人才要靠自己的眼光去发现，舍得花气力、花心思去实际考查。这也就是"看了人再用"。

胡雪岩在创业之初，就特别注意自己考查选用人才。而且，他对于人才的考查既细心周到，手法也很不俗。

比如，他聘用刘庆生做自己阜康钱庄的"档手"，就很用了点心思。刘庆生在跟胡雪岩之前，只是大源钱庄一个站柜台的伙计，身份其实很低。胡雪岩本来就是杭州城里钱庄行当里的人，在聘用他之前，自然是认识他的。但也仅仅只是认识，实际并没有太多的了解，终归只是从表面印象出发，感觉他是一个可造之才罢了，胡雪岩此时想要用他，自然要来一番考查。

胡雪岩考查他的办法很别致，他知道刘庆生是余姚人，找来刘庆生之后，一开始只和他海阔天空，不着边际地大谈余姚风物，又从余姚扯到宁波，由宁波扯到绍兴，闲扯了个把钟头，也没有进入正题，把刘庆生弄得云山雾罩、莫名其妙，甚至有些懊恼。好在他本来就有极坚忍的性情，也能够耐心地听胡雪岩"瞎扯"。

其实，胡雪岩也正是以此考查刘庆生的忍耐力；然后借闲谈问刘庆生钱庄方面的几个问题，以考查刘庆生的应变能力以及对本行本业的熟练程度；似乎在不经意中还问及杭州城里钱庄的牌号，借此了解刘庆生的记忆与观察能力。刘庆生对答如流，显示出不凡的本事。经过这一番巧妙的考查，胡雪岩才最后断定此人有着不同寻常的眼光与能力，也才决定大胆予以使用。

用人要凭自己的眼光去看，不能只看面子，这是胡雪岩在选用生意帮手时十分注意的一个原则。他对刘庆生的任用是如此，对阿珠父母即老张夫妻的任用也是如此。

他自己出钱请老张下船到湖州开丝行，本来也有帮帮老张的意思。

胡雪岩喜欢阿珠，甚至还动过娶她做小的念头，照说有这一层关系，也不必费心去考查了，但他还是经过一番周密的考察才决定用他们，因为无论如何，湖州的丝行关系到他将要涉足的生丝生意的发展。

胡雪岩通过问话，引老张之妻向他"侃"了一通养蚕、缫丝、茧丝买卖、蚕丝品种优劣等方面的情况，令他大开了眼界，也让他觉得老张之妻虽是常人之妻，却也有着不凡的见识。同时，胡雪岩不仅看出他们的能耐与眼光，也是看重他们老实本分这一点的。

有眼光，有本事，但奸猾狡诈之徒，难以驾驭，易出问题。老实本分，才可靠，才能对自己竭尽全力。老实可靠，也是胡雪岩任用人才的一个前提。经过这一番考察之后，他这才最后决定自己出钱，聘老张当老板。

可见，胡雪岩对"用人不能光看面子"这一点是何等重视。

不遭人妒是庸才

古语云:"木秀于林,风必摧之;行出于众,人必非之。"其大意就是说,一个人如果才识过人,必将令他人显得平庸。这种才识一旦付诸行动,就会办成别人办不成的事,取得别人难以取得的成绩,打破与别人的平衡关系,难免引起周围人的忌恨。而一个平庸之人,由于不会有什么作为,也就不会对周围人的利益构成威胁,因而他是不会引起旁人的嫉妒的。

胡雪岩是以果溯因,以否定式来判断"不遭人妒是庸才"。如果反过来推理,则是:遭到人们嫉妒的多是能干之人。因此,他选人的时候,并不限于别人对某一人才的评价,却对那些在别人口中颇遭非议的人物更加注意。因为他知道,成就大业的英才,往往都会遭到别人的嫉恨。从这里也可看出他识别人才的简单有效的方法,也可以看出他不拘世俗、较一般人更为远大的眼光。

胡雪岩的"不遭人妒是庸才"的人才观,首先就在他自己身上反映出来。胡雪岩从学徒做起,因办事利练,被快速擢升,其锋芒之锐,当即引起了同事们的不安与嫉恨。他们利用一切机会在老板面前诋毁胡雪岩,说他如何如何办事无能,又如何如何欺上瞒下,总而言之,一口咬定胡雪岩是个心术不正之人。

这些谣言很快就传到老板耳中,幸亏老板也是个久经世故的人,他知道什么叫"行出于众,人必非之",对这些谣言也就不大往心里去。后来,胡雪岩私自把钱庄的钱借与王有龄。事情传开之后,老板是又气又恨,按规矩,出了这种事,肯定是把胡雪岩赶出信和钱庄,毫无疑义

;但老板想到胡雪岩是自己一手栽培起来的,确实是个难得的人才,又于心不忍。

这时,钱庄的伙计可不依了,平素他们嫉恨胡雪岩,觉得胡雪岩是自己身边最大的威胁,但却苦于一直没有机会施以报复,如今遇此良机,他们岂肯放过?于是成天在老板面前怂恿。说胡雪岩如此无法无天,这次不把他赶出钱庄,说不定会留下后患,要是别的伙计也竞相效仿,那钱庄还不得早晚关门?

老板知道胡雪岩这是犯了众怒,自己即便有心留他下来,只怕他以后的日子也很难过了。于是狠下心来,把胡雪岩赶出了信和。胡雪岩这样一个难得的人才,便一时败于"人妒"。

然而后来胡雪岩跟随王有龄,控制了浙江海运,赚得了数十万的银子,他们不把这笔钱存在别人那里,而偏偏存在信和,信和老板这时才发觉自己干了多么愚蠢的事。因此,当胡雪岩发迹后,在选用人才时,特别注意"不遭人妒是庸才"这一句话,为自己发现了许多人才。

胡氏这一独特的看人眼光为他延揽了不少人才。为胡雪岩的洋场事业立下汗马功劳的洋行买办古应春就是一个很好的例子。

古应春原是上海洋场的"通事",也就是今天所说的外语翻译。他一表人才,洋朋友多,对英国人尤其熟悉,英语翻译水平很高,更难能可贵的是他虽混迹洋场,却十分维护中国的利益,平时对中国人内部互相争斗而让洋人捡便宜的现象很不满。

他跟胡雪岩第一次见面,就讲了自己这样的一段经历:有一次,洋人开了两船军火去下关卖,价钱都谈好了,就要成交时,有个会洋文的中国人跑出来告诉洋人,说太平军正急需军火,他们手中多的是金银财宝。于是,洋人反悔了,只得重新谈价钱,最后价钱竟涨了一倍。虽然事情已经过去了很久,但是古应春还是恨意未消。他对胡雪岩说:"中国人总是自己人跟自己人过不去,恨洋人的,事事掣肘;怕洋人的,一味讨好。自己互相倾轧排挤,使洋人有机可乘。这类人最可恶!"

胡雪岩从他的言谈中推知,他必是遭同行倾轧排挤,有感而发。同时,他也正是从这里看出古应春是一个难得的可为自己所用的人才。于

是，胡雪岩提出了与古应春合伙与洋人做生意的要求。二人惺惺相惜，古应春听完胡雪岩的建议自然也是十分乐意。此后胡雪岩与洋人做军火交易，比如，同英商哈德逊谈判，以合适的价格及时地买进二百支枪、一万发子弹；比如，生丝销洋庄，将第一笔几万包丝在上海卖给洋人，一举赚得十几万银子，古应春都功不可没。

　　胡雪岩认为，大凡受人非议的人物，必定有非常的行为，有非常的行为，必定身遇非常之事，只要能够查明事因，对症下药，定能为我所用。

　　能不为世俗的成见所拘束，吸纳形形色色的各种人才为己所用，这样才能人才济济。有了人才，事业才能发展。而且，在延揽人才的时候，特别要注意那些遭人嫉妒而又确实有才干的人。因为这些人遭嫉，自然免不了被人说闲话，如果轻信人言，不加考察，一定会失去一些有能力的干才。

人脉

——交人交心 以情制胜

俗话说："在家靠父母，出门靠朋友。"有了朋友，事事顺利，没有朋友，举步维艰。如何交到有益的朋友呢？这是个很重要的问题。在生意场上，金钱、利润无疑是放在第一位的。怎样处理朋友和利益两者的关系，也是一门相当高深的学问，欲成就一番大事业的人，必须掌握这门学问。

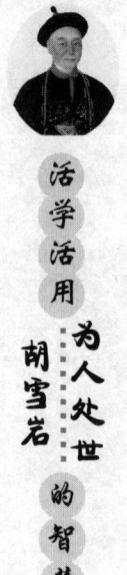

多个朋友多条路

胡雪岩长期做跑街,与一帮挖空心思捐班升官的人打交道,逐渐熟悉了官场的一套习惯。他很明白,有一个坚强的后盾,意味着有更多的机会和更少的风险。

对于商人而言,胡雪岩生活的时代是特殊的。胡雪岩时代的特殊,就特殊在旧制受到冲击,洋人叩击国门,社会发生变乱。

胡雪岩时代的旧制,十分影响商人的发展。因为在封建社会制约中,商人在社会中处于最末流,士农工商的次序十分明显。这样,这种体制就与商人的活动相矛盾。所以官吏对商人的危害十分大,一个极小的守门吏都可以以其职务特权随便影响一个小商贩的生意。较大的官吏情况更严重,他可以以各种貌似合理的理由强行征税,或者宣布某笔贸易为不合法。

面对这样一种情况,商人要想持续经营下去,必须采取合适的策略。一般来说,商人会设法避开官吏,但这是一种消极的策略。所以就有商人另想策略,设法与官吏阶层沟通,以争取他们的保护。很明显,所争取的官吏职位越大,能给商人提供的活动范围就越大。这就是胡雪岩所采取的策略。

中国封建官僚制度发育周期甚长,内部形成了一整套完备的升迁制度与习惯。尤其是在不成文的习惯中,托庇大官僚而使自己升迁顺利,已经是一件世人非常熟悉的事情。所谓"官官相护",或者所谓"朝中有人好做官",就是讲的这一习惯。胡雪岩长期做跑街,与一帮挖空心思捐班升官的人打交道,逐渐熟悉了这一套习惯。他很明白,有一个坚强的后盾，意味着有更多的机会和更少的风险。

正是长期与这些人打交道，胡雪岩逐渐变得为人机敏。当他遇到王有龄时，听说他是捐班盐大使，便感觉到机会来了。他利用收款的机会，为王有龄筹措了五百两银子，资助他进京拜官。

王有龄因为得到胡雪岩鼎力帮助，得了机会补了实缺，他知恩报恩，胡雪岩得以借机有了自己的钱庄。随后，因为有了王有龄这个官声很好、升迁很快的后台，胡雪岩发现自己面前突然铺开了一个新世界。粮食的购办与转运、地方团练经费、军火费用、地方厘捐、丝业，各个方面的钱都往胡雪岩所办的钱庄涌了进来。

胡雪岩有了这一经验，回头反思，便很快明白了在那个特殊时代商业要想大发展的应循之道：寻找官场的保护。

要寻找保护的办法很多，首先是继续帮助有希望有前途的人。

在这一点上，对于王有龄绝对适用。家中如何用度、个人是寒是暖、上司如何打点，都在胡雪岩的帮助之列。随后是何桂清。因为有了王有龄的例子，胡雪岩对何桂清更是不惜血本。为了何桂清的升迁，一次可以放出一万五千两银子。

其次，是要替这些有前途之人出谋划策。胡雪岩明白，办团练、漕米改海运、征厘捐、购军火、借师助剿，所有这些应时之办法，虽然是在代他人操劳，但是到了最后，无非是帮助这些人得到朝廷赏识，巩固自己的地位。有了这些人的稳固，自己的商业势力也就有增无减了。

何桂清在苏浙之日，为朝廷出力甚多，所以在那一带的影响日盛。为了这个缘故，胡雪岩的点子也有了市场，他的商业也有了依托。他个人在经营中逐渐冲破了先前钱庄的经营观念，开始在以官府为后盾的前提下向外扩张。这一扩张预示了胡雪岩在商业上必将称霸东南半壁江山。此时的胡雪岩，因为尝到了在官僚阶层中扩充势力的甜头，他是再也不会回到旧有的经营观念中去了。

在王、何官场失势之日，胡雪岩已经开始在为自己寻找新的商业保护人了。这一次的寻找是有意识的，不过也不得不迁就时局，左宗棠这样一位世纪人物就出现了。

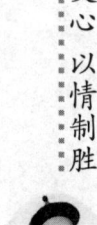

左宗棠在位之时，胡雪岩为他筹粮筹饷，购置枪支弹药，购买西式大炮，购运机器，兴办船只，筹借洋款。这些事耗去了他大部分精力。但是胡雪岩乐此不疲。第一是因为这些事本身就是商事，可以从中赢利；第二是因为左宗棠必须有了这些东西，才能安心平捻剿回，兴办洋务，成就功名大业。

左宗棠是个英才，事业日兴，声名日响。他在朝廷中的地位日益巩固，胡雪岩就愈加踏实。他原来之所以仰赖官府，就是为了减少风险，增加安全。现在有了左宗棠这样一个大员做后盾，有了朝廷赏戴的红顶、赏穿的黄褂，天下人莫不视胡雪岩为天下一等一的商人，莫不视胡雪岩的阜康招牌为一等一的金字招牌。

胡雪岩也敢于放心地一次吸存上百万的巨款，也可以非常硬气地与洋人抗衡。任何一个以本业为主，不能上传下达的商人都不敢像他这么做。只有一个胡雪岩，把握住这个时期的特点，而且做到了。

汪康年《庄谐选录》记载："胡后为某钱店司会计，有李中丞者，时以某官候补于浙，落拓不得志，一日诣其店，众慢不为礼，胡独殷勤备至，且假以私财，某感之，誓有以报。迨后扬历封疆，开府浙江，甫到任，即下檄各县曰：'凡解粮饷者和由胡某汇兑，否则不纳'。众微知其由，于是钱粮上兑，无不托诸胡，胡遂以是致富。"

书中所载情形倒像胡资助王有龄的事。在众人对王投以势利眼之际，胡雪岩独报以殷勤礼节，并冒着丢饭碗的风险，擅作主张，动用东家的大笔银两相资助，表现出相当的政治远见。在王有龄这边，遇胡雪岩如大旱逢甘雨，他对胡的"慧眼识俊杰"自然念念不忘。后来，王有龄以粮台积功报知府，旋补杭州，不出几年，升浙江巡抚，胡雪岩先前的人情投资便得到难以计数的回报，还博得了"东南大侠"的美誉。

除了巴结王有龄、左宗棠，胡雪岩还通过钱庄业务与京中大官奕䜣、文煜等人接上了关系。当然，多一个朋友多一条路，对于官阶和名气小的胥吏僚属之辈以及士大夫文人，胡雪岩也极力拉拢。李慈铭《越缦堂日记》说他"时出微利以饵杭士大夫。杭士大夫尊之如父，有翰林而称门生者。"胡的曾孙胡亚光在《安定遗闻》中记述："有贵人王军门献玉屏风一座，值千金以上，置厅，事仆失手坏之，时大亨宾客莫不震惊，而公竟面不改容，反曲意慰仆不置。"这说的是其曾祖宽厚待人，但我们却可以从这条史料中了解到胡雪岩与军门一级的官员有礼尚往来，彼酬此酢，而贵人、大亨都是他的座上宾。

事实证明，胡雪岩为结交官府所做的努力是绝对值得的投资。他后来所得的巨大财富，绝大多数是倚靠官府而来的。这里只举一个简单的例子，就是利用官场为药店筹集资本。

首先，胡雪岩向杭州城里那些官吏们筹集资金。回到杭州，胡雪岩先说服了杭州抚台黄宗汉出资做股本开药店。黄宗汉出股了，他手下的大小官吏们也纷纷效仿，出资向胡雪岩的药店入股。

紧接着，胡雪岩又利用官府的钱来为自己开药店。胡雪岩先利用自己的高效名药以成本价或免费给军队，让军队接受他的药然后再与军队管后勤供给的"粮台"打交道，让其一方面从中获利，另一方面向胡雪岩以预支的形式订购大宗军队药品业务。领下定购药品的款子，正好可以用来发展药店生意。这一步一走通，胡雪岩的药店就像滚雪球般地发展起来了。

借助官场的势力，原来没有影子的十万银子的本钱现在有眉目了。胡雪岩依靠这个方法办起了胡庆余堂，不仅带来了大量的财富，还给自己带来了"济世善举"的名声。然而，若非背靠官府，这些恐怕都是实现不了的。

在官本位的晚清社会，有了官员做靠山，胡雪岩转粮购枪、借款拨饷无一不可放大胆子、堂而皇之地去做。即以十一之利计之，由此而聚敛的财富也是一般商贾所不能望其项背的。当然，官、商合流违背政治原则和社会道德，而且倚重权势终究不稳定，肥缺人人想占，这就构成官场上的钩心斗角，政情一动荡，靠山就难保，胡雪岩后来衰败，来自官场的因素应是重要原因之一。

胡雪岩在人们心目中，其最大特点就是"官商"，也就是人们说的"红顶商人"。这"红顶"很具象征意义，因为它是朝廷赏发的。戴上它，意味着胡雪岩受到了皇帝的恩宠。事实上，它意味着皇帝肯定了胡

雪岩所从事的商业活动的合法性。既然皇帝是至高无上的，皇帝所保护的人自然也不应受到掣肘。换一层面来讲，皇帝的至高无上也保证了被保护人的信誉，所以，王公大臣才能很放心地把大笔银子存入阜康钱庄。

人脉即财脉，情义是关键

人是群居动物，人的成功只能来自于他所处的人群及所在的社会阶层，只有在这个社会中游刃有余，才可为事业的成功开拓宽广的道路，没有一定的交际能力，免不了处处碰壁。这就体现了一个规律：人脉就是财脉。

在胡雪岩生活的时代，经商必然要面对一种特殊的势力，那就是江湖帮派力量。在晚清乱世中，江湖帮派力量因社会管理的混乱和社会矛盾的激化而生，逐渐成为社会上一股不可忽视的重要力量。在那时行商，一定要与江湖势力打交道。

而胡雪岩面临的帮派势力，既包括漕帮那样的旧势力，也包括像小刀会这样的新势力。胡雪岩从来没有以改造天下为己任，所以他对漕帮，是以取得信任、共同获利的态度处之。对小刀会，则像对待太平军一样，是通过官府、帮助官府来镇压他们，以保证自己的商业利益不受损害。他在漕帮中层层渗透，广交朋友，取得他们的信任和支持。有了漕帮的认可，胡雪岩也就在乱世有了"另一条"道路，这也是胡雪岩保证其商业能顺畅发展的一个重要举措。

胡雪岩是如何结交上江湖力量的呢？胡雪岩在江湖上办事，很注重情、义二字，他做生意的原则就是有情有义。在生意往来中，他经常从对方的难处窘境着想、为对方分忧。对方见胡雪岩如此义气，也把他当做朋友，视为知己，有了口碑自然也就乐意和他在生意中往来。正因为他广结江湖朋友，所以在生意场中屡屡成功。

自从王有龄上任"海运局"坐办后，需要解决棘手的漕米问题。虽

然当时胡雪岩提出了买商米代替漕米的计策，但买商米的银款却不知着落，于是由胡雪岩出面，到他原来的钱庄去争取垫拨。

行至松江，胡雪岩听到一位朋友说，松江漕帮已有十几万石米想脱价求现，于是他弃舟登岸，进一步打听这一帮的情形，了解到松江漕帮中现管事的姓魏，人称"魏老五"。胡雪岩知道这宗生意不容易做，但一旦做成，浙江漕米交运的任务随即就可以完成，可减免许多麻烦，所以他决定亲自上门谒见魏老爷子。

胡雪岩在他的两位朋友刘老板和王老板的带领下，来到了魏家。当时只有魏老爷子的母亲在家，她请三人在客厅等候。见到魏老爷子的母亲，刘老板颇觉失望，然而胡雪岩细心观察，发现这位老妇人慈祥中透出一股英气，颇有女中豪杰的味道，便猜定她对魏家的决策有着深厚的影响力，心下暗想，要想说动姓魏的，就全都着落在说服这位"老巾帼"身上了。

胡雪岩以后辈之礼谒见魏老太太，魏老太太微微点头用谦逊中带着傲慢的语气请三人喝茶，锐利的眼光也直射胡雪岩。品了一口茶之后，魏老太太开门见山地问道："不知三位远道而来，有何见教？"胡雪岩很谦卑地说道："我知道魏当家的名气在上海这一带是响当当的，无人不晓，这次路过，有幸拜访，并请魏大哥和晚辈小饮几杯，以结交结交友情。"

寒暄过后，在魏老太太的要求下，胡雪岩也不再拐弯抹角了，便把这次的来意向魏老太太直说了。听完胡雪岩的话后，魏老太太缓缓地闭上眼睛，胡雪岩感觉到整个空气似乎凝固了。良久，魏老太太又缓缓地睁开眼睛，紧紧地凝视着胡雪岩说道："胡老板，你知不知道，这样做是砸我们漕帮弟兄的饭碗啊？在裕丰买米的事，虽然我疏于出门，但也略知一二，胡老板有钱买米，若裕丰不肯卖，道理可讲不通，这点江湖道义我还是要出来维持的。倘若只是垫一垫，于胡老板无益可得，对于做生意的，那可就不明所以然了。"

听了魏老太太的话，胡雪岩并没有灰心，相反却更加胸有成竹地大声说道："老前辈，我打开天窗说亮话。如今战事急迫，这浙米京运被朝廷盯得紧，如若误期，朝廷追究下来不但我等难脱罪责，我想漕帮也难辞其咎吧！为漕帮众弟兄想想，若误在河运，追究下来，全帮弟兄休戚相关，很有可能被扣上通匪的罪名，魏老前辈可对得起全帮弟兄？"

江湖中，"义"字当头。胡雪岩以帮里义气相激，正好击中魏老太太的要害，使得魏老太太不得不仔细思量。

胡雪岩再三强调其中道理，魏老太太听完之后，终于心里暗肯，于是吩咐手下人将儿子魏老五叫来。

魏老五一回来便向魏老太太请安，魏老太太马上给他引见了胡雪岩和刘、王二位老板，看着老人家对胡雪岩三人的尊敬劲儿，魏老五也很客气地称呼胡雪岩为"胡先生"。魏老太太说："胡先生虽是道外之人，却难得一片侠义心肠。老五，胡先生这个朋友一定要交，以后就称他'爷叔'吧。"老五很听话地改口叫"爷叔"。"爷叔"是漕帮中人对帮外至交的敬称，漕帮向来言出必行，虽然胡雪岩极力谦辞，但魏老五喊出第一声"爷叔"，其余的人也就跟着齐呼"爷叔"了。

当晚，魏家杀鸡宰鹅，华灯高掌。魏老太太、魏老五、胡雪岩和刘、王二位老板频频举杯，以祝友谊。就这样，凭着胡雪岩的三寸不烂之舌，很快就与漕帮的龙头老大魏老五由初识而结成莫逆之交，以魏老五的威信，胡雪岩买米的事已不成问题。

在与魏老五的关门弟子尤五，也就是现行的漕帮老大商谈买米一事中，胡雪岩了解到尤五只是迫于师父魏老五的面子口头上答应了，心里面却是十二分的不愿意。见此情景，胡雪岩并没有乘人之危，买了米就走。他打开天窗说亮话，告诉尤五，有什么难处只管说，不然我胡雪岩就不买这批米了。

尤五见胡雪岩如此直爽，也没什么顾虑了，就把自己心中的隐衷对胡雪岩一吐为快。原来自从官粮海运以后，漕帮的处境十分艰难，目前正是缺银少钱的时候，他们需要的是现钱，而胡雪岩的"买"只是一时的周转之计，待官粮收齐后，还会把今天"买"的米退还漕帮，也就是说今后回到漕帮手里的还是米而不是现钱，这使尤五很为难，但魏老五已经答应下来了，他也不敢有所怨言。

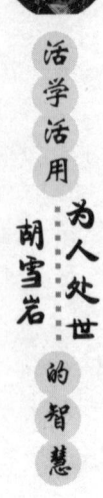

胡雪岩了解到这种情况后，马上与出资买米的钱庄总管张福康商量，看钱庄能不能待漕帮以后把官府退还的米卖掉后再收回现在支出的银两，而不是一俟退米之后，就急于收回银两。张福康知道胡雪岩是值得信赖的人，二话没说就答应了。

尤五的难处解决了，他自然非常高兴，也极为欣赏胡雪岩的为人。于是，买米的事很快就谈妥了。

胡雪岩这次买到的不仅仅是米，还买到了与尤五的"情"。自此以后，尤五对胡雪岩"唯命是听"，只要是胡雪岩的货，漕帮绝对是优先运输，所以胡雪岩的货向来是畅通无阻、来往迅速。不仅如此，尤五还把他在漕帮中了解到的商业信息，及时向胡雪岩汇报。胡雪岩有此商业"密探"，自然增加了对商场情况的了解，在商业活动中抢占了不少有利时机。

胡雪岩作为一个商人，对待江湖势力有着正确的态度，在他眼里，江湖势力并非都蛮不讲理，随意"黑吃黑"，他们也有江湖道义可讲，所以他对江湖势力以"真诚"的态度相待。而且，胡雪岩看到江湖势力与商业成败之间存在着密切的联系，处理得不好，只会给自己增添许多麻烦，处理好了，则可能使自己在商场顺风顺水，大展宏图。

可见，一个没有良好的人际关系的人，即使再有知识，再有技能，那也得不到施展的空间。所以，要想成功，就一定要营造一个适于成功的人际关系，包括家庭关系和工作关系。

一个人思考的时代已经过去了，建立品质优良的人脉网提供情报，成了决定工作成败的关键。或许有人会说"我已经有很多朋友了"，这儿所指的"朋友"并非年幼时的朋友、同学或同事，彼此间的交情也不是建立在单纯的快乐和利害关系上。严格一点说，应该是人生旅途中可以一起奋斗的朋友或工作伙伴。

环绕我们四周的多半是共同享乐和有利害关系的朋友，和他们交往虽然愉快，关系却不一定长久。结交朋友的过程，不外因为某种缘分与别人邂逅，对对方产生好感，然后始有交流，于是进入"熟识"阶段。对朋友觉得有趣或相处愉快，通常都在这个阶段。

熟识之后，开始有一种共患难的意识，彼此间产生友谊，认为朋友会对我们有所帮助，通常是在这个阶段。这个阶段的友谊联系性强，彼此间也容易产生超出利害关系的亲密感，说得更具体一点，交往的本质其实也就是互相启发和互相学习。彼此从不断摸索中逐渐改变逐渐成长，建立起稳固而深厚的友情。

人情像银行账户，需时时储蓄

我们都有这样的经验，有时一分一厘的钱并不会觉得有很多，但如果建立了一个账户，天长日久往里储存，终有一天会发觉里面已经有了一笔为数不少的存款，除此之外，还多了一点利息。其实人情跟银行的账户有很多相似的地方，也许刚开始一点一滴的人情，甚至不会让人感觉到它的存在，但日积月累，会发觉越来越多，到了关键时刻就能派上用场了。胡雪岩就常说，做生意嘛，一定要不断增加感情账户上的储蓄。

人是感情动物。在感情的账户上储蓄得越多，就越容易赢得对方的信任，那么当遇到困难或者麻烦，需要对方帮助的时候，就可以得到这种信任换来的鼎力相助。即便犯有什么过错，也容易得到别人的谅解。因此，要想笼络人心，最重要的还是自己平时要乐于助人，关心他人，不断增加感情账户上的数额。

反之，不肯增加储蓄而只想大笔支取的人是不会有人理会的，这样的银行账户是根本不存在的。一个人毫无储蓄，到需要用钱时，也就必然无钱可用，只有欠债了。但欠债总是要还的，到头来还是要储蓄。

因此，胡雪岩在平时与朋友的交往中十分重视情感投资。还在做学徒时，胡雪岩的一个朋友从老家来杭州谋事，病倒于客栈中。房租饭钱已经欠了半个月，还要请医生看病，真是雪上加霜。

胡雪岩自己薪水微薄，但又不忍心看着朋友困顿无助，就找到另一个朋友朋友不在，胡雪岩只得问朋友的妻子，看她是否能帮一个忙。朋友之妻也是贤惠的人，见胡雪岩人虽落魄，那副神气却不像倒霉的样子，就毫不犹豫地借了五两银子给他。

胡雪岩很有志气，从手上捋下一只凤藤镯子，对朋友之妻说："现在我境况不好，这五两银子不知道啥时候能还，不过我一定会还。镯子连一两银子也不值,不能算押头。不过这只镯子是我娘的东西,我看得很贵重。这样子做,只是提醒我自己,不要忘记还掉人家的钱。"

后来胡雪岩发达,还掉了五两银子。朋友之妻要把镯子还给胡雪岩。胡雪岩却认为,这笔"钱财账"虽然还上了,但背后的"人情账"却没有还上。他说:"嫂子,你先留着。我还掉的只是五两银子,还没有还你们的情。现在你们什么也不缺,我多还几两银子也没太大意义。等将来有机会还上您这份人情了,我再把镯子取走。"

后来这位朋友生意上遭了人暗算,胡雪岩闻讯后出面相助,朋友幸免于难,朋友之妻再次要还镯子,胡雪岩这才收下。

"钱财账背后的'人情',向来是比钱财更重要的。"胡雪岩认识到这一点,也受益于这一点。当年王有龄落魄时,胡氏冒着钱打水漂的风险给他送去五百两银子,后来王发迹之后,不仅还掉了五百两银子,还还了胡雪岩一份人情,这份人情成了胡雪岩创业的资本。

但是当"钱财账"与"人情账"互为消减的时候,胡雪岩向来是将后者作为首要考虑的对象,他宁可舍去钱财,做个人情。

为了能做成"洋庄"生意,胡雪岩在收买人心、拉拢同业、控制市场、垄断价格方面可谓绞尽脑汁、精心筹划。他费尽心机周旋于官府势力、漕帮首领和外商买办之间,而且还必须同时与洋人和自己同一战壕中心术不正者如朱福年之流斗智斗勇,实在是冒了极大的风险,终于做成了他的第一桩销洋庄的生丝生意,赚了十八万两银子。

然而,这也不过是说来好听,因为合伙人太多,开支也太大,与合伙人分了红利,付出各处利息,做了必要的打点之外,不仅分文不剩,原先的债务也没能清偿,而且还拉下一万多银子的亏空,实际上甚至连账面上的"虚好看"都没有,等于是白忙活一场。尽管如此,胡雪岩除了初算账时有过短暂的不快之外,很快也就释然了。而且,他断然决定即使一两银子不赚,也该分的分,该付的付,绝不能亏了朋友。

这分、付之间胡雪岩获得的效益实在是太大了,它不仅使合作伙伴及朋友们看到了在这桩生意的运作中胡雪岩显示出来的足以服众的才能,更让朋友们看到他重朋友情分,可以同患难、共安乐的义气。且不

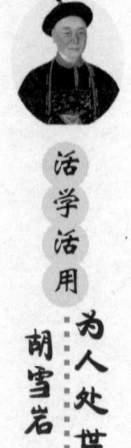

说这桩生意使胡雪岩积累了与洋人打交道的经验,和外商取得了联系并有了初步的沟通,且为他后来驰骋十里洋场和外商做军火生意以及借贷外资等,也打下了基础。

同时,通过这桩生意,他与丝商巨头庞二结成牢固的合作伙伴关系,建立了他在蚕丝经营行当中的地位,为他以后有效地联合同业控制并操纵蚕丝市场创造了必不可少的条件。仅仅从这分、付之间显示出来的重朋友情分的义气,使他得到了如漕帮首领尤五、洋商买办古应春、湖州"户书"郁四等可以真正以死相托的朋友和帮手,其"收益"就实在不能仅仅以金钱的价值来衡量。

可以说,胡雪岩的所有大宗生意,都是在朋友的帮助下做成的。因此,在这一笔生意上,胡雪岩的"钱财账"是亏了,而"人情账"却大大地赚了一笔。前者的数目是有限的,后者却能给他带来不尽的机会与钱财。

要想人爱己,就需先爱人。无论是谁都应当时刻存着乐善好施、成人之美的心思,才能为自己多储存些人情的债权。这就如同一个人为防不测,需养成"储蓄"的习惯,这甚至会让这样做的人的子孙后代都得到好处,正所谓我们常说的"前世修来的福分"。胡雪岩也许并没有想到那么远,但又确实得来了实实在在的福分,就是这个道理。

究竟怎样去储蓄人情,并无一定之规。

对于一个身陷困境的穷人,一枚铜板的帮助可能会使他握着这枚铜板忍一下极度的饥饿和困苦,或许还能干番事业,闯出自己的天下。

对于一个执迷不悟的浪子,一次促膝交心的谈话可能会使他建立做人的尊严和自信,或许在悬崖前勒马之后奔驰于希望的原野,成为一名勇士。

就是在平和的日子里,对一个正直的举动送去一缕赞许的眼神,这一眼神无形中可能就是正义强大的动力。对一种新颖的见解报以一阵赞同的掌声,这一掌声无意中可能就是对革新思想的巨大支持。

不要小看对一个失意的人说一句暖心的话,对一个将倒的人轻轻扶一把,对一个无望的人赋予一点真挚的信任。也许自己什么都没失去,而对一个需要帮助的人来说,也许就是醒悟,就是支持,就是宽慰。

与人结交，要各得其所

《菜根谭》中写道："事事留个有余不尽的意思，便造物不忌我，鬼神不能损我；若业必求满，功必求盈者，不生内变，必召外忧。"

这是多么洞彻人生的语言啊，中国人最讲究凡事留余了，这在中国的绘画中就可以看出来。中国人这种"满招损，谦受益"的思想是从小就被灌输的，这在中国人的相互交往中也能体现出来。无论是什么样关系的人相处，最根本的追求都是和谐。

一个人能够立身于世，不管是官场、商场，还是别的什么"场"，都必须依靠自己的才识、能力。所谓才识、能力，无非就是搜集信息，然后根据信息制订出合理的计划并付诸行动的能力。没有这些，再好的条件也是枉然。但当你已具备了这些能力条件时，外界的所谓靠山、人缘，也就是能够给你的事业提供帮助的人，就显得尤其重要了。

可能很多人都会认为胡雪岩一生所追求的只有财富，其实不然。他一生都在结交人，他在与人结交的过程当中得到他想得到的，并且他也深深地明白推己及人的道理，自己想得到，那别人也想得到。胡雪岩最可贵的就是能认识到这一点，而且在做之前一定想到对方的好处，而不是觉得自己当时已是个人物就因此目中无人，在他与漕帮的结交中，我们可以看到这一点。

胡雪岩的一生可以说是历经兴衰荣辱，他生逢乱世、出身寒微，却能运用自己的才智周旋于权贵政要之间，创造了亿万家财，这一切和他的性格、智慧是密不可分的，也与他在择友上的慧眼独具有很大关系。

在胡雪岩生活的时代，做生意必然要面对一股特殊的势力，就是江湖帮派。晚清乱世，政府处于内忧外患之中，对社会的监管力度大不如

前，江湖帮派也就随着社会的混乱而形成发展，并逐渐成为社会生活中的一股重要力量。

在当时，要经商就必须与江湖势力打交道，胡雪岩更是深谙其道。他结交漕帮尤五就是一例，漕帮控制水路运输，江浙一带是清朝产粮重地，粮食运往北方的一个重要途径就是水路。王有龄官居"海运局"坐办，统管浙江一省的粮食北运，这时上面要求将十万担漕米从上海迅速海运至京。

可是时间紧迫，条件又不允许，漕米一时到不了上海，胡雪岩想出了一条妙计，就是先在上海买商米代替，等漕米运到上海后，即由粮商先卖出、再买进。胡雪岩随王有龄一路坐船北上上海，到了松江，听说松江漕帮有十万石米想脱手求现，于是他们弃舟登岸，由胡雪岩出面谈定这桩生意。

要知道当时朝廷改海运，等于是断了漕帮的生计，就算是他们急于求现，却也不打算将米卖给为朝廷效命的人。这时的胡雪岩就对漕帮首领动之以情，晓之以理，一番游说之后终于做成了这笔生意。后来因为太平军的原因，粮价大幅上涨，胡雪岩也并没有因此而把要归给漕帮的粮食留下来自己多赚钱，而是又给回漕帮，让这些江湖兄弟多赚了一笔。做生意一定要让所有参与的人受益才会长久。

有这样一个让美国人不解的管理故事，现在人们称之为亲和力管理，但这种管理只会发生在东方，而且将这种管理术运用得最好的是日本。

故事发生于日本的索尼公司。索尼公司当年在美国生产晶体管收音机，以取代美国当时那种非常传统的、又大又笨的老式收音机。这种小巧的收音机推出后，市场反响很好，一个销售商去找索尼订货，要求索尼提供订购五万台、十万台、五十万台收音机的单台产品报价单。令人奇怪的事情发生了，索尼公司报给销售商一个马鞍形的报价：五万台价位贵一点，十万台便宜一点，五十万台的价位却是最贵的。

这个美国人不懂了，心里想，日本人真是太古怪了，连薄利多销的原则都不懂，货要的多应该便宜呀！索尼的老板盛田昭夫就跟他解释说："我们日本人做事跟你们美国人不一样，我现有的工人在你要求的那个供货期内，不可能生产五十万台，那么，我就需要招工人。工人招进来了，这个订单完成之后，如果接下来又没有新的订单，那怎么办呢？我们不可能像你们美国工厂那样，立刻裁员辞退他们，这部分工人毕竟是为这份订单、为这份利润、为我们工厂做了贡献的。我们工厂要养他们一段时间，发他们一段时期的工资直到其重新找到工作为止。"

一番话说得习惯于美国式思维的销售商恍然大悟。正是通过这种亲和力管理，我们可以看到直到现在，索尼依然是一个强大的公司，它并没有因为少接了订单而垮掉。工人当然是雇来赚钱的，但在鞭子下劳作和在爱中工作是不一样的。这是管理，但更是一种人与人交往的方式，爱人者，人恒爱之。

后来，美国的经济学院、管理学院以这个案例为典型来介绍日本的企业文化，这其实体现的就是仁者爱人的"仁道"精神。西方研究者发现，"仁道"管理的绩效远非制度和奖金可以达到。所以，后来美国工人大罢工的时候。索尼公司的工人，不管黑人、白人、黄种人全都不罢工，为什么？因为他们觉得罢工对不起自己的老板。在美国经济大萧条的时候，工人甚至主动提出把自己的工资减下来，与公司共渡难关。这说明什么？显然是管理者亲和力产生的神奇绩效。

所以，东方式的管理理念，在人我关系这个层面上主张亲和力，是一种非常高明的方法。因为你是仁者，所以你有亲和力，你有人格魅力，或者说你能够以这样一种仁者德性去征服别人。我们都知道《水浒传》里面的宋江，文不如吴用，武不如林冲，但他却坐在第一把交椅上，原因完全归于他那种为人着想的德行上，最后竟然能让李逵这个鲁莽之人陪他一同死。让人为你出力就一定要有为你出力的理由，这样看来人行于世，凡事不要行得太满，但德行、仁心一定要修满。

还有一个故事更是让我们这些俗人赞赏：有一个网络工程做得非常有名的企业家，他在一次和EMBA的同学交流的时候讲，他现在是想不挣钱都不行。大家都露出奇怪的神情，因为所有人都认为现在的钱太难赚了。他解释说自己在圈子里面是非常有名的好人，他从来不蒙骗客户，自己要挣钱，别人也要挣钱。所以，他就经常告诉手下这个道理，

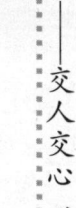

客户开公司办企业也不容易,他挣到了钱,要建一个网络,以提升自己的管理水平和产品质量,他这个钱也是辛苦挣来的,所以就不能蒙他。

网络固然是高技术的产品,对供需双方而言存在信息不对称的现象,特别是一些刚刚起步的企业做这个东西的时候,不了解成本究竟有多大,因而很多的网络工程公司就在信息不对称的背景下狠狠地宰人一刀。

这位企业家说,自己从来不这样做,他报的价往往是同行里面最低的,但是质量从来都是最好的,因此很多企业排着队等着他去做,今年不行明年,明年不行后年。这位经营者很得意地把这个东西概括成一个理论,叫"好人商道"。好人是什么人呢?他进一步引申说,就是能够将心比心的人。

这位企业家说自己的父亲曾经是一个熟读"四书五经"的私塾先生,父亲总是对他讲,做圣人是很痛苦的,做企业的人很难做到圣人的境界,但是一定要做一个好人。衡量好人的标准就是在考虑自己的同时,也能考虑别人,这样就让别人感到有被关爱的成分在其中。中国人讲究因果,种什么因结什么果,如果撒出去的是爱的种子,就不可能结出恶的果实。

中国历史上倡导的宽厚待人、力求和谐的思想,正在融入新的管理哲学体系中,成为其中极为关键的要素。可以说,我们目前提倡的以人为本、以和为贵、以德为范的人性化的管理理念,是极其科学而有效的。

我们现在已经进入了商品社会,如果只给人画饼充饥,是不能解决问题的。而若与人做生意只想着以德化人,而不能给对方实际的好处,那要想做大做好也是根本不可能的。所以在与人相交时,一定要知道自己想要什么和对方想要什么,才可能立于世上。

借势

——结交官友 借鸡生蛋

　　势，就是力量，就是走向。积蓄起来的力量为势，找到走向的道理也是势。正如古人所说："理有所至，势所必然。"

　　在胡雪岩的商业经营活动中，十分注重借势经营,在他的商业活动中,十有八九是围绕借势而展开的，他从不放弃任何一个借势的机会，从而不断地拓展自己的地盘,张扬自己的势力。

情商制胜，乘得东风好行船

人们常说性格决定命运，因为有什么样的性格就决定了你会有什么样的人际圈子。一个人如果想完全凭借自己的力量获得成功是很不现实的，任何成功都是各方面因素综合作用的结果，也就是大家扶持的结果。

一个圈子里面成员的品质是差不多的，这就是物以类聚，因为众多品质的积累终是会捧出一个佼佼者的。但是这个佼佼者的诞生也是需要一定的条件的，简单来说，就是一个人如果想成功，那就要有一个为人所喜的性格与态度。

那么，什么才是为人所喜的性格与态度呢？心理学家研究表明，如果一个人总是怀着积极的心态去面对生活，那这个人的生活就是快乐的，并且一直会向着快乐的方向发展。既然这样，那为什么还是有些人会觉得不快乐呢？原因就在于他们不懂得自我调解，也就是说情商不够高。

一个人因为仁就会有很多的朋友，这就是现在所说的情商。因为一个人的朋友越多，他成功的机会就越多，而一个聪明人又总是与比他高明的人结交，所以，他的人生道路会不断往高处走，而不是像别人那样费力，但胡雪岩毕竟是个商人，他与人结交往往带有很强的目的性和针对性。尤其是在晚清时代，没有保护伞，生意是不可能做大的。

胡雪岩看准了这一点，便倾力打造自己的关系网，因为他非常清楚在那个特殊时代要想赚大钱，唯一的途径就是寻找保护人。

胡雪岩在人的投资上从来是不吝啬的，而且很少有人像他这样大胆。他一直持续扶持有希望、有前途的人，在这一点上袁王有龄就是代表，后来又有何桂清。这二人的助力使得胡雪岩在经营中逐渐冲破了先前在钱庄上的经营观念，开始在以官府为后盾的前提下向外扩张。

何桂清与王有龄这两个靠山烟消云散之后，胡雪岩又开始为自己物色新的保护伞。这一次的寻找虽然是有意识的，但也不得不迁就时局，一番比照之后，左宗棠成为胡雪岩眼中的最佳人选。

胡雪岩这种乘得东风好行船的做生意方式，一直为后人称道。而当今世界最传奇的财富人物比尔·盖茨，更是因为善于利用人才的力量，才有了今天的成功。

比尔·盖茨也曾经和我们一样曾是无知少年，但他从20岁时开始领导微软，31岁成为有史以来最年轻的亿万富翁，37岁成为美国首富，并获得国家科技奖章，39岁时身价一举超越华尔街股市大亨沃伦·巴菲特而成为世界首富。

在比尔·盖茨的财富后面，还隐藏着一种更为根本的东西，那就是让他成名或致富的秘密，让他跌倒后重新站起来的经验教训，他经年累月与人周旋所摸索出来的黄金法则，他在关键时刻力挽狂澜的精神支持……正是靠着这些，盖茨才走到了现在让每个人无比钦羡的人生巅峰。盖茨在经营微软的过程中更引以为荣的就是，他利用自己的人格魅力吸引和团结了一大批优秀的程序设计者和产品推广者。

曾经有人采访盖茨成功的秘诀，盖茨说："那是因为有更多的成功人士在为我工作"。盖茨对此充满了自豪感："在我的事业中，我不得不说我最好的经营决策是必须挑选人才，拥有一个完全信任的人，一个可以委以重任的人，一个为我分担忧愁的人。"

有人曾经总结过盖茨的优点，认为其创业的成功是由其情商决定的，善于用人是他事业成功的关键。所以在微软创业团队中的另一个传奇人物是我们一定要提的，这个人在微软的早期并不是特别重要的人物，但现在他却是微软公司的首席执行官——史蒂夫·鲍尔默。他同样是盖茨的同学，是盖茨在哈佛大学同一层宿舍楼的好朋友。

1974年，18岁的鲍尔默在哈佛念二年级时，认识了同楼里的盖茨，

对数学、科学和拿破仑的激情使他们成了至交,鲍尔默和盖茨搬进同一个宿舍,起名为"雷电房"。

在微软成长为一家大公司之前,盖茨事必躬亲,不管是工资单、计算税利、草拟合同,还是如何销售产品,都亲力亲为,这耗去了他的大部分时间。

所以在1980年,即比尔·盖茨创建微软的第六个年头,盖茨在他的游艇上以5万美元的年薪和7%股份的合同聘用了鲍尔默,请他担任总裁个人助理,也就是他自己的助理。当时微软才16名员工,鲍尔默是第17位员工。从此,鲍尔默就开始了他在微软至今已长达23年的激动人心的奋斗生涯。

鲍尔默有句口号:"一个人只是单翼天使,只有两个人抱在一起才能飞翔。"

盖茨的聪明之处就在于,他能意识到专业人才的重要性。他曾真诚地说:"事实上,把鲍尔默引入微软是我做出的最重要的抉择之一。"于是,鲍尔默在盖茨的劝说下,从学校退了学,进了微软公司,成为微软第一位非技术的受聘者,并最终成了微软第二号最有影响的人物。

鲍尔默是天生的激情派,他的管理秘诀就是激情管理,给人信任、激励和压力。鲍尔默的出现为微软增添了更多的活力与激情,这完全得归功于盖茨的放权。正是鲍尔默在管理方面的得心应手,让盖茨终于得以从捉襟见肘的管理状态中逃脱了出来,成为一名专职的程序员。这位更擅长团队管理和公关的微软新掌门一上台,就向媒体公开了"重组微软"的核心价值观:用激情主义在合作伙伴、客户和业界同仁中塑造微软诚信的商业新形象。

我们通过分析一大批成功人士的创业过程,可以从中发现,他们都知道通过使用或者编织自己的人才网络来达到自己的目的。由此我们也发现了一些奇怪的现象,那就是当初在学校成绩很好的学生,一旦走向社会反倒不如一些中等或偏差的人的际遇,关键就在于他们的情商差距。在商场上,只有那些能很好与人相处,并知道如何为自己营织庞大

关系网的人，才会有成功的潜质。

　　胡雪岩在他那个时代就意识到，会识人、用人、拉拢人就会拥有财富，这一点实为不易，要知道那个时代还是以"唯有读书高"为生存理念的。

借势——结交官友 借鸡生蛋

锁定官商之途，销金结识权贵

攀龙附凤之心人皆有之，谁不希望有一个声名显赫的朋友。但是小人物和贵人之间毕竟有着地位的差距，能否攀上高枝成凤凰还需要动一番脑筋，下一番功夫。

官场是讲究人脉、关系现象最盛的领域，各路人马结党结派并不少见。谁是受谁提拔的，谁和谁相互帮忙，谁跟谁彼此利益输送……若论起每个人的背景来头，几乎都有不同"能量"的靠山撑腰。少了这层保护伞，任谁本事再大，也很难在复杂的政治圈里出人头地。

胡雪岩之于官场是旁观者清，认定走官商之路是自己的最佳选择。晚清时期的商业尚处于初级阶段，再加上晚清官场的腐败，商人如果不寻找官场靠山的话，根本不可能有大的作为。于是他挖空心思，结交王有龄之后，又结识了左宗棠、文煜、宝望等权贵。在为自己寻找到可靠的靠山的同时，辗转腾挪，大发横财，成为晚清赫赫有名的"红顶商人"。

其中，投靠左宗棠借助左的势力照亮"钱"程是胡雪岩的一次大手笔。

当初，胡雪岩依靠王有龄的势力生意越做越大，一片坦途。然而天有不测风云，同治元年（1862年），太平军围攻杭州，王有龄守土有责，被围两月弹尽粮绝。胡雪岩受托冲出城外买粮，然而却无法运进城内。王有龄眼见回天乏术，上吊自杀。

胡雪岩闻此噩讯，当即晕过去。醒来后，号啕大哭。他这一哭，既有友情，也有私利。胡王两人相交二十余年，无论是王有龄在官场上，还是胡雪岩在商场上，几乎所有的大事都是两人共同谋划，互相帮衬。如今一人死于非命，一人苟活人世，岂能不悲伤？再说胡雪岩之生意，处在这种乱世，没有一个可以靠得住的官场靠山，凭什么成事呢？如今王有龄已去，大树倒矣，又岂能不悲伤。

王有龄的死，使胡雪岩的生意惨遭重创，浙江商界有些人欺他无人撑腰，在货源、销售、生产上开始排挤他，这给他本来就伤痕累累的心灵又增添新的伤痕。难道胡雪岩从此就完了吗？许多人心里都有这样的疑虑。如果胡雪岩是一般的凡夫俗子，或许从此会沉湎于悲伤之中而不能自拔，或许在沉重打击下永远站不起来。然而，胡雪岩毕竟非一般人可比，他能有今日之成就，就在于他虽是至情至性之人，却能忍常人之所不能忍，他经历千难万苦建立起来的庞大基业，怎能让它轻易地倒下去呢？

就在这年秋天，闽浙总督左宗棠带兵从安徽出发，一路稳扎稳打，太平军溃不成军。很快，左宗棠便收复了杭州。正在上海观望的胡雪岩听到这个消息，万分高兴，连夜从上海赶往杭州。

为了寻找新的官场靠山，最初胡雪岩将目光投向了杭州藩司蒋益澧，觉得蒋益澧为人倒还憨厚，如果结交得深了，便是第二个王有龄，将来定会言听计从，亲如手足，那就比伺候因脾气大出了名的左宗棠，痛快得多了。可通过交谈胡雪岩发现，蒋益澧谨慎有余，远见不足，不是一个可以成大事的人。

再说，胡雪岩从蒋益澧手下何师爷嘴里了解到：左宗棠对蒋益澧，不可能像何桂清对王有龄那样，提携唯恐不力。一省的巡抚毕竟是个非同小可的职位，除非蒋益澧本身够格，而左宗棠又肯格外力保，看来浙江巡抚的大印，不会落在蒋益澧手里。既然如此，唯有死心塌地专走左宗棠这条路了。那么该如何让左宗棠接纳他呢？

胡雪岩能够取得左宗棠的信任，其实只做了两件事：

第一件事，就是献米献钱。

胡雪岩拜见了左宗棠，离开后，心里就在筹划着如何帮助他解决粮食问题，以解眼下之急。他迅速到上海筹集了一万石大米运回杭州。

几天之后，正在为粮食问题犯愁的左宗棠，突然接报，说江中有数艘英国粮船。左宗棠听后大为动心，无奈洋人势大，又不敢强征，想拿

钱去买，军饷尚未筹足，哪有买粮钱？

突然有人报，说胡雪岩求见。左宗棠一听，很是迷惑，刚走了没几天会有什么事呢？连声道："请他进来。"

胡雪岩走进来，见过礼后，对左宗棠说道："大人，雪岩近日筹集粮米一万石，请大人笑纳。"

"一万石！"左宗棠吃了一惊，这个数目可是不小，胡雪岩哪来的如此神通？不过，这些都是小事，关键是这一万石粮食在什么地方。

胡雪岩禀告说，江中的英国船队，运的正是这批粮食。

左宗棠一声欢呼，马上命令军队上船取粮。这一万石大米真是雪中送炭，不仅救了杭州，而且对左宗棠肃清境内的太平军也助了一臂之力。

第二件事，就是主动承担筹饷重任。

粮食的问题得到解决，但军饷还没有着落。军饷这个重担压在左宗棠的心上。由于连年战争，国库早已空虚。两次鸦片战争的巨额赔偿雪上加霜，使征战的清军军费自筹更为困难。左宗棠见胡雪岩如此机灵，于是请胡雪岩为他想法筹集军费。

胡雪岩一听到每月筹集二十万的军费，感到非常棘手，但他认为如果能够顺利筹集，左帅对自己会加倍信任。胡雪岩经过一番深思熟虑后，便把自己的想法全盘告诉了左宗棠。

原来，太平天国起义十年来，不少太平军将士都积累很多钱财，如今太平军败局已定，他们聚敛的钱财不能带走，应该想法收缴。但由于这些太平军不敢公开活动，唯恐被逮到杀头，常常躲藏起来。胡雪岩认为左帅可以以闽浙总督的身份张贴告示：令原太平军将士只要投诚，愿打愿罚各由其便，以后不予追究。

左宗棠与胡雪岩心有灵犀一点通。这确实是个好办法，既收集钱财，又能笼络人心，一箭双雕。但如此做法还没有先例。如果处理不周，后果不堪设想。左宗棠将心中的顾虑和盘托出，胡雪岩忙出上策：

太平军失败后，很多人都要治罪。但人数太多株连过众，又会激起民愤，扰得社会又不安宁。这与战后休养生息的方针背道而驰。最好的处置就是网开一面，给予众人出路。实行罚款，略施薄刑，这些躲藏的太平军受罚后就能够光明正大做人，当然愿罚，何乐而不为。

左宗棠对胡雪岩的远见卓识钦佩不已，当即命胡雪岩着手办理此事。回去后，胡雪岩立即着手，张贴布告，动之以情，晓之以义。不多久，逃匿的太平军便纷纷归抚，一时四海闻动，朝廷惊喜。借助这一机会，阜康钱庄也得利不少，胡雪岩更是四品红顶高戴，成了真正的"红顶商人"。

通过这件事，左宗棠既了解了胡氏的为人，也了解到胡氏办事的手段，知道这确实是一个难得的人才，于是倾心结纳，倚为肱股，两人很快成为知己。胡雪岩也找到了比当初王有龄、何桂清更大的靠山。

回头看胡雪岩结交左宗棠的过程，主要有三个因素：

第一，事先准备。

胡雪岩在决意拉拢左宗棠这座大靠山之前，已经通过各种渠道对左氏有了透彻的了解。他知道左宗棠是"湖南骡子"脾气，倔强固执，难以接近。他也知道左氏因功勋卓著，颇为自得，甚喜听人褒扬之辞。他也对左宗棠与曾国藩及其门生李鸿章之间的重重矛盾了解得很透彻，建立在这些了解之上，他才能打一场有准备之仗，言辞应对正中左氏的下怀。

第二，善急人之所急。

光说不做是不行的，胡雪岩打动左宗棠还体现在他的行动上。他解了左氏的燃眉之急，为他做好了两件事：筹粮与筹饷。这两件事对左宗棠来说都是迫在眉睫的，现在胡雪岩主动地为他去掉了两块心病，当然也就换取了他的感谢和信任了。

第三，最重要的还是胡雪岩本人的真才实学。

胡氏结交官场自有一套或以财取人，或以色取人，或以情取人的手法，然而这些对左宗棠而言都是不起作用的。左宗棠贵为封疆大吏，区区小惠根本不放在眼中，若是胡雪岩只是一个有意拉拢的庸人，左氏早就三言两语打发掉他了。而左宗棠之所以器重他并引为知己，还是因为胡雪岩有过人的才学，能助他一臂之力，是一名不可多得的人才。所

借势——结交官友 借鸡生蛋

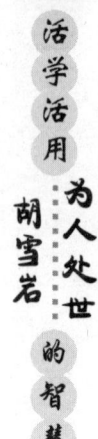

以，他才愿意在胡雪岩的生意中加以援手，因为他知道，两人是互惠互助的关系。

凭着左宗棠的支持，胡雪岩的生意不仅在战乱之后得以迅速全面地恢复，而且也越做越顺，越做越大。到左宗棠西征新疆前后，他以"红顶商人"的身份，为左宗棠创办轮船制造局，筹办粮饷，代表朝廷借"洋债"，开始了与洋人的金融交易。到这时，胡雪岩才真正如履坦途，事业也如日中天，盛极一时了。

有道是"七分努力，三分机遇"，爱拼未必会赢，机运也要看怎样把握。现代社会所认为的"贵人"，并不仅仅是指那些名门望族，皇亲国戚，位高权重的权贵之人，而在内涵上加以扩大发展，通常是指在层级组织中职位比较高且能帮助别人晋升的人。

有时一个人得费心地分辨谁具有这种能力。有人或许以为，自己的晋升几率取决于顶头上司对自己的评语好坏，这观念或许是正确的。但是更高的管理阶层可能觉得这个所谓的顶头上司已到达不胜任阶层，因而可能不在乎他的推荐和好恶。所以，不要太肤浅，仔细深入观察，才会找到能帮助晋升的贵人。

有了贵人相助，的确对个人的事业有助益。有一份调查表明，凡是做到中、高级以上的主管，有90％的都受过栽培；至于做到总经理的，有80％遇过贵人；自当创业老板的，竟然100％都曾被不同等级、不同领域、不同身份的贵人提携与扶助。

话虽如此，没有贵人比较难成气候，但若要被贵人"相中"，首要条件还在于求"贵"之人究竟有没有"两把刷子"。

俗话说，师父领进门，修行在个人。如果一个人一无所长，却侥幸得到一个不错的位置，保证后面一堆人等着想看笑话。毕竟，千里马的表现好坏与否，代表伯乐的识人之力。找到一个扶不起的阿斗，对贵人的荐人能力，也是一大讽刺。

官商民洋四众势力，层层投靠才能逢源

胡雪岩十分注重借势经营，即"与时逐"。在他的商业活动中，十有八九是围绕取势用势而展开的，他从不放弃任何一个借势用势的机会，从而不断地拓展自己的地盘，扩张自己的势力。对此，胡雪岩有自己的一套商业理念，即"势利，势利，利与势是分不开的，有势就有利。所以现在先不要求利，要取势。"

借势是多方面的，有多种途径。有借助声望、借助外交、借助政治、借助关系、借助社会舆论、借助时事潮流等，不一而足。在政治斗争和军事冲突中，最常见的是借助"第三者"的力量，即政治上或军事上的结盟；在商界中，最普遍的"借力"要数利用名商巨贾沽名而钓"利"；在社会生活中，那些手握大权的政界要人和具有雄厚经济实力的强人，有着特殊的社会地位和深广的影响力，借助他们的声望和影响，可大大增加竞争取胜砝码。

胡雪岩所抱取的"势"主要有四股，他说："官场的势力，商场的势力，江湖的势力，我都要，这三势要到了，还不够，还有洋场的势力。"

首先，胡雪岩借取的是"官势"。

在之前，胡雪岩丢掉职业换银票资助王有龄，送美妾阿巧给何桂清，在西征时为左宗棠送粮草等，使得胡雪岩在官场有了"官势"。胡雪岩层层投靠，左右逢源，把旁观者看得目瞪口呆。

事实上，在官场上的屡屡得意，只是胡雪岩借势而起的一部分。光有官势，并不能使胡雪岩的商业活动达到完善的境地。

胡雪岩借的第二个"势"是"商场势力"。

借势——结交官友 借鸡生蛋

胡雪岩借商场势力的典型一例，是在上海通过陈正心广发请帖，召集上海各丝行老板一事。当时，为了抵制洋商在丝织业牟取暴利，众商行老板都一致决定：只要大家一条心，联合起来，把生丝压价一段时间，洋人们没米下锅，那么生丝的价格肯定会上去。

与洋人抗衡，从而以垄断的绝对优势取得在商业上的主动地位。这场对峙更加突现了胡雪岩在商业谋略上的敢想敢为。

胡雪岩借助的第三股"势"是"江湖势力"。

江湖势力在晚清虽然渐趋衰落，但还是以各种形势重新组织，发挥自己的作用。所以，在胡雪岩生活的时代，江湖势力仍是影响社会生活的一支重要力量。

胡雪岩借取江湖势力是从结交尤五开始的。

王有龄初到海运局，便遇到了漕粮北运的任务。漕运涉及地方官的声望，所以督抚黄宗汉催逼甚紧，前一年为此还逼死了藩司椿寿。

按照胡雪岩的主意，这个任务说紧很紧，说不紧也不紧。办法是有的，只需换一换脑筋，不要死盯着漕船催他们运粮，这样做出力不讨好，改换一下办法，采取"民折官办"，带钱直接去上海买粮交差，反正催的是粮，只要目的达到就可以了。

于是，胡雪岩通过关系，找到了松江漕帮管事的曹运袁，漕帮势力虽然大不如前了，但是地方运输安全诸方面，还非得漕帮帮忙不可。这是一股闲置的、有待利用的势力。运用得好，自己生意做得顺遂，处处受人抬举；忽视了这股势力，一不小心就会受阻。

而且各省漕帮互相通气，有了漕帮里的关系，对王有龄海运局完成各项差使也不无裨益。一旦有个风吹草动，王有龄也不至于受捉弄，损害名声。

所以胡雪岩和尤五打交道，不但处处留心照顾到松江漕帮的利益，而且尽己所能放交情给尤五。加上胡雪岩一向做事一板一眼，说话分寸特别留意，给尤五的印象是，此人讲义气，值得信任。

有了这个印象，"民折官办"购粮一事办得很顺利，尤五把胡雪岩尊为门外兄长，凡事请教。

后来表明，尤五这股江湖势力给胡雪岩提供了极大的方便。胡雪岩在王有龄在任时做了多批军火生意。在负责上海采运局时，又向左宗棠源源不断地输送新式枪支弹药。如果没有尤五提供的各种方便和保护，就根本无法做成。

胡雪岩很注意培植漕帮势力。和他们共同做生意，给他们提供固定的运送官粮物资的机会，组织船队等，只要有利益，就不会忘掉漕帮。胡雪岩有一个固定不变的宗旨就是："花花轿儿人抬人。"我尊崇你，你自然也抬举我。势就是这样做成的。

胡雪岩借取的最后一个"势"是"洋场势力"。

我们都知道，胡雪岩所处的时代，正是洋人用坚船利炮轰开中国大门的时候。洋人也是一股不可小觑的势力，就连当时的西太后也要敬畏三分。鉴于这种情况，胡雪岩就开始打洋人的主意。当他遇见了洋买办古应春，二人一见如故，相约要用好洋场势力，做出一番市面来。

但胡雪岩在洋场势力的确定，还是他主管了左宗棠为西北平叛而特设的上海采运局。

上海采运局可管的事体甚多。牵涉和洋人打交道的，第一是筹借洋款，前后合计在一千六百万两以上；第二是购买轮船机器，用于由左宗棠一手建成的福州船政局；第三是购买各色最新的西式枪支弹药和炮械。

由于左宗棠平叛心坚，对胡雪岩的作用看得很重，凡洋务方面无不让胡雪岩出面接洽。这样一来，逐渐形成了胡雪岩的买办垄断地位。

洋人看到胡雪岩是大清疆臣左宗棠面前的红人，生意一做就是二十几年，所以也就格外巴结。这也促成了胡雪岩在洋场势力的形成。

势力一旦形成，别人就不易进入。就像自然保护区一样，在保护区内外人不得涉足。洋人认准了胡雪岩，不大相信不相干的来头。所以江南制造总局曾有一位买办，满心欢喜地接了胡雪岩手中的一笔军火生意，却被洋人告之，枪支的底价早已开给了胡雪岩，不管谁来做都需要给胡雪岩留折扣。

综合胡雪岩经商生涯看，其突出经验之一就在他的"借势取势"理

借势——结交官友 借鸡生蛋

论。官场势力、商场势力、洋人势力和江湖势力他都要，他知道势和利是不分家的。有势就有利，因为势之所至，人们才唯其马首是瞻，这就没有不获利的道理。另一方面，社会上各种资源散逸着，就像水白白流走一样，不蓄积就无法形成一种走向，一种力量，还何谈获利。由于有了这种凡事超出别人一截的眼光，胡雪岩才能步步得势，进而因势取利，水到渠成。

好风凭借力，官友值千金

成功人生是每个人都梦寐以求的，然而却不是每个人都能轻易得到的。这是因为个人的力量相对于社会整体而言实在太弱小了，以至于单凭一己之力几乎无法实现成功的梦想，因此，是否善于借力就显得尤为重要。

在布满各种关系网的现实社会中，要想成功办事，就必须学会借用他人的力量，并把这种外力融入自己的人生奋斗中，这才会使自己的能力成倍增长，使自己要办的事事半功倍地完成，使自己的梦想成为现实。

所谓"好风凭借力，送我上青云"，无论你是平民还是名人，只有善于借助他人力量的人，才能成为人生的大赢家。

胡雪岩在开办钱庄之初，就想到让钱庄代为打理府库银两。但这只是一个想法，要真正地做到钱庄代理官银，还要过一关，那就是要打通钱谷师爷（注：旧时地方官所聘主管钱粮会计的幕僚）的关节。旧时的州县衙门，都聘请了钱谷师爷和刑名师爷（注：古代官署中负责处理刑事判牍的幕友）。

师爷名义上虽只是州县的幕僚，但由于他们精通朝廷的许多律例规制，所管的事务专业化较强，通常一州一县的司法、财政事务完全为师爷们牢牢地掌握着。而且这些人都师承有序，见多识广，就算是州县官们也要让他们三分。

师爷向来独立办事，不受东家干涉，性格温和的还与州县老爷敷衍一下，有些态度傲慢的甚至可以对州县老爷置之不理。所以，胡雪岩的

借势——结交官友 借鸡生蛋

钱庄要代理湖州府库，也就必须结交拉拢钱谷师爷。

为了笼络好师爷，胡雪岩也算是下了一番工夫。王有龄署理湖州恰恰赶上端午期间，这个节日给胡雪岩提供了一个十分好的机会。

他打听好已经到湖州上任的刑名、钱谷两位师爷在杭州的家庭住址，送去节下正需要的钱粮作为礼物。当然胡雪岩是以王有龄的名义送的。这两位师爷收下礼物自然要感激王有龄的好意，但等到他们上门去拜谢王有龄时，王有龄却借口说这原是胡雪岩的一片敬意。

这样一来，师爷不仅领了胡雪岩的情分，自然也就明白了大老爷话中的用意。好事做了一件，交情却落了两处。

于是，当胡雪岩找到湖州钱谷师爷杨用之，提出阜康钱庄代理湖州府库和乌程县库的官银时，杨用之不仅满口答应，"东翁（注：旧时塾师、幕友对主人的敬称）关照过了，湖州府跟乌程县库，都托阜康代理，一句话！"甚至连承揽代理公库的"禀帖"都为胡雪岩办好了，"我都替老兄预备好了，填上名字，敲一个保，做个样子，就行了。"

为了胡雪岩以后生意中办事"方便"，杨用之还给胡雪岩引见了另一个关键人物——湖州征纳钱粮绝对需要的，因此也绝对不能得罪的"户书"郁四。书办的官称为"书吏"，当时大小衙门基层的公务，只有书办才熟悉，熟悉公务就是他们的"本钱"。其中许多细节运作技巧，以及关键、诀窍，为不传之秘，所以书办在当时虽无"世袭"的明文，却慢慢地成了父子相传的职务。

清政府的府、县衙门都有"三班六房"，六房皆有书办，当时以刑房的书办最神气，户房的书办最阔绰。户房书办简称"户书"，他之所以手面上比较阔绰，完全是因为当时政府征收钱粮地丁，户部只问总数，不问细节。地方政府谁有多少田、多少地，坐落何方等细则如何，只有"户书"才一清二楚。他们凭借的就是代代相传的一本被称为"鱼鳞册"的秘册。没有这本册子，即使你有天大的本事，也征不起钱粮。

有了这本册子，不但公事可以办得顺顺当当，户书本人也可以从中大发其财。地方政府多少年来钱粮地丁的征收，就是一盘糊涂账，纳了钱粮的并不一定就能收到"粮串"，不纳粮的却有可能握有纳粮的凭证，反正"上头"只要征额够成数，地方如何张冠李戴，是不必管也没法管的。

因此，钱谷师爷必得跟户书打交道，手段高明的户书可以完全地控制钱谷师爷。但通常情况下，两者总是和睦相处，亲如家人，杨用之跟这个名叫郁四的户书关系就十分密切。为了报答胡雪岩的"情"，他热情地把胡雪岩推荐给郁四说："老四！这位是王大老爷的人，也是我的好朋友，胡老爷。你请胡老爷去吃碗茶，他有点小事要拜托你。"

有了王大老爷和杨师爷的双重面子，办起事情来自然无比顺畅，郁四十分痛快地对胡雪岩说："你把禀帖给我，余下的事我来做。明天我把回批送到你那里！"

这样痛快，就连胡雪岩都出乎意料，他拱拱手致谢说："承情不尽。"然后又说道："杨师爷原有句话交代，叫我备一份礼物，意思意思。现在我不敢拿出来了，拿出来，倒显得我是半吊子。"

久在江湖厮混的郁四深深点头，马上对胡雪岩热情有加。原来敬重胡雪岩，主要是因为他是王大老爷和杨师爷的上宾，现在通过交往才发觉胡雪岩是做事极漂亮的外场人物，真是难得。此后，郁四也成了胡雪岩"销洋庄"生意中最牢固的合作伙伴和得力帮手。

一个人的能力总是有限的，要想成就大事，在某些时候借助"梯子"是十分必要的。

一般来说，无论引荐者的名望大小、地位高低，只要对成大事有所帮助，就是登上高处的好梯子，他的威信和影响力能对你有用处。一般人除对权威和名望有一种崇拜感和信任感之外，对熟识的人同样有一种可靠、信赖的感觉，因而他们常常会从推荐者身上来估量被推荐者的能力和人格。要成大事就要时刻留心身边是否存在这样的"贵人"，一旦发现就抓住时机想方设法去接近他。

在复杂的社会关系之中，在各种社会关系构成的屏障面前，互相利用是人性的弱点，但它也是人类共同需要的心理倾向，而这正是"借梯登天"之计的实质所在。一个人若不懂得或不善于利用他人力量，光靠单枪匹马闯天下，在现代社会里是很难大有作为的。

借势——结交官友 借鸡生蛋

参考文献

[1] 司马智. 学曾国藩做人，学胡雪岩做事 [M]. 北京：中国致公出版社，2009.

[2] 龙柒. 胡雪岩为人处世的 24 堂课 [M]. 北京：中国画报出版社，2009.

[3] 听夜人. 评曾国藩官经、论胡雪岩商道 [M]. 呼伦贝尔：内蒙古文化出版社，2009.

[4] 柳华，于丰. 品读胡雪岩——做人做事经商 [M]. 北京：中国三峡出版社，2008.

[5] 龙柒. 活学曾国藩 活用胡雪岩 [M]. 北京：中国画报出版社，2009.